U0955160

刘珣　崔永华　总主编

国际汉语教师标准丛书

A Series on Standards for Teachers of Chinese to Speakers of Other Languages

汉语基本知识

（语音篇）

Basics of Chinese Language (Phonetics)

施春宏　蔡淑美　著

北京语言大学出版社
BEIJING LANGUAGE AND CULTURE UNIVERSITY PRESS

图书在版编目（CIP）数据

汉语基本知识．语音篇／施春宏，蔡淑美著．-- 北京 ：北京语言大学出版社，2017.11（2020.12 重印）
（国际汉语教师标准丛书／刘珣，崔永华主编）
ISBN 978-7-5619-4927-6

Ⅰ．①汉… Ⅱ．①施… ②蔡… Ⅲ．①汉语－语音－对外汉语教学－教材 Ⅳ．① H195.4

中国版本图书馆 CIP 数据核字（2017）第 268582 号

汉语基本知识（语音篇）
HANYU JIBEN ZHISHI (YUYIN PIAN)

排版制作：北京创艺涵文化发展有限公司
责任印制：周 燚

出版发行：北京语言大学出版社
社　　址：北京市海淀区学院路 15 号，100083
网　　址：www.blcup.com
电子信箱：service@blcup.com
电　　话：编 辑 部　8610-82303647/3592/3395
　　　　　国内发行　8610-82303650/3591/3648
　　　　　海外发行　8610-82303365/3080/3668
　　　　　北语书店　8610-82303653
　　　　　网购咨询　8610-82303908
印　　刷：北京鑫丰华彩印有限公司

版　　次：2017 年 11 月第 1 版　　印　　次：2020 年 12 月第 2 次印刷
开　　本：787 毫米 × 1092 毫米 1/16　　印　　张：12
字　　数：210 千字
定　　价：48.00 元

PRINTED IN CHINA

目　录

总　序

为提高国际汉语教师——在国内外从事汉语作为第二语言教学的教师——的专业素质和教学水平，培养、培训这一领域更多的人才，以满足世界各地日益增长的汉语学习需求，孔子学院总部/国家汉办组织研制了《国际汉语教师标准》(以下简称《标准》)。

《标准》总结了国内外汉语教学的实践，借鉴了国内外外语教学，包括TESOL等国际第二语言教学和教师研究的新成果和相关标准，体现了国际汉语教学的特点，为建立一套完善、科学、规范的教师标准体系和国际汉语教师的培养、培训、能力评价和资格认证提供了依据。

《标准》分五个模块、十项标准，描述了从事国际汉语教学工作的教师应具备的知识、能力和素质。模块一“语言基本知识与技能”由标准一“汉语知识与技能”和标准二“外语知识与技能”构成；模块二“文化与交际”由标准三“中国文化”和标准四“中外文化比较与跨文化交际”构成；模块三“第二语言习得与学习策略”由标准五“第二语言习得与学习策略”构成；模块四“教学方法”由标准六“汉语教学法”、标准七“测试与评估”、标准八“汉语教学课程、大纲、教材与辅助材料”和标准九“现代教育技术及运用”构成；模块五“教师综合素质”由标准十“教师综合素质”构成。

《标准》以概括的语言，对上述知识、技能、能力进行了简要的描述。为帮助相关人士了解《标准》的内涵，我们编写了这套辅导丛书。本丛书可以帮助读者进一步理解《标准》的内容，学习相关知识、技能，也可作为汉语教师培训、辅导、自学的教材以及参加汉语教师资格考试的备考参考。

本丛书拟分为十二个分册，各分册名称与《标准》的对应关系如下：

(1)《汉语基本知识》，包括语音篇、词汇篇、语法篇、汉字篇四个分册，内容是标准一中的“汉语知识”，包括汉语语音、词汇、语法、汉字四个方面；

(2)《中国文化常识》，内容是标准三“中国文化”中的中国传统文化；

(3)《中外文化比较与跨文化交际》，内容是标准四“中外文化比较与跨文化交际”；

(4)《汉语语言习得与学习策略》，内容是标准五“第二语言习得与学习策略”；

(5)《汉语要素教学方法》，内容是标准六“汉语教学法”中的语言要素教学方法，包括语音、词汇、语法、汉字的教学方法；

(6)《汉语技能培养方法》，内容是标准六“汉语教学法”中的语言技能培养方法，包括听力、口语、阅读、写作能力的培养方法；

(7)《汉语课程与教学理论》，内容包括标准七“测试与评估”和标准八“汉语教学课程、大纲、教材与辅助材料”；

(8)《现代教育技术与汉语教学》，内容是标准九“现代教育技术及运用”；

(9)《汉语教师发展》，内容是标准十“教师综合素质”。

本丛书由北京语言大学人文社会科学学部人文学院和北京语言大学出版社合作组织编写，华学诚教授和戚德祥教授做了大量的组织和指导工作。丛书的编写者都是多年从事对外汉语教学和汉语教师培训的具有丰富教学经验的专家，其中有些专家还曾参与《标准》的研制和相关题库的建设工作。尽管如此，由于对《标准》个别内容的理解可能有差异，又由于受到学识的局限，本丛书肯定存在不足之处，诚恳欢迎读者给予指正，以便再版时更正。

刘珣　崔永华

编写说明

本书是遵从《国际汉语教师标准》而编写的现代汉语语音教程，对现代汉语语音知识的基本内容和语音教学的基本观念、重要原则、主要技能等方面做了系统而简明的介绍，目的是帮助国际汉语教师（包括对外汉语教师）和准教师理解并掌握现代汉语语音系统的基本知识，了解汉语作为第二语言教学与习得中需要特别注意的语音问题，提高分析汉语语音现象乃至语言现象的能力，为更好地从事汉语教学工作打好基础。本书也可作为国际汉语教师资格考试和汉语国际教育硕士生招生考试的参考用书，还可作为汉语国际教育和语言学相关专业的语音学教材。

一

基于我们对面向国际汉语教师的语言学教材编写原则的认识和分析，本书有三个方面的追求：一是内容的适用性，系统介绍国际汉语教师需要掌握的语音知识；二是策略的针对性，尽可能对汉语作为第二语言教学和习得过程中出现的语音偏误情况进行清晰的描写，并根据习得者母语背景的不同，具体介绍相关纠正偏误的策略和教学技能；三是观念的启发性，力求在描写、解释语音系统及其习得表现和教学策略时体现出大的分析原则和思路，使读者不仅在知识上能举一反三，在观念上也能够洞幽烛微。

我们在编写"国际汉语教师标准丛书"的系列教程《汉语基本知识》（包括已经出版的"语法篇"、本册"语音篇"、正在编写的"词汇篇"和"汉字篇"）过程中力求使编写内容更加适应国际汉语教学的态势，更加适合国际汉语教师的培养目标和培训工作。为此，本书在内容的选择上首先以孔子学院总部 / 国家汉办编制的《国际汉语教学通用课程大纲》（修订版，北京语言大学出版社，2014年）为重要的参照对象，对其中包含的所有语音项目都做了说明。然而，该大纲毕竟只是教学大纲，作为教师，仅仅掌握这样的语音知识显然是远远不够的。尤其是大纲呈现的只是陈述性知识，无法引导教学关注程序性知识，更不可能将语音教学和习得中的偏误情况及纠正偏误的策略和方法展示出来。为此，本书作者系统梳理了国际汉语教学界/对外汉语教学界关于语音教学与习得研究的重要成果，并积极吸收语音本体研究中的最新认识，以此确立本书的基本构架。相对于语法和词汇，语音知识在很多方面都已有了规范，争论要少一些，但语音习得中的偏误情况则既普遍又顽固，语别化特征也非常鲜明，因此面向第二语言教学的汉语语音学教材要强化语音教学与习得中的常见问题，要提供切实可行的操作性改进策略，即：要既适用又实用。我们在撰写《汉语基本知识》系列教材时，有针对性地提出了一些实践性很强的基本原则。这里结合“语音篇”来做出初步说明，以期对读者建立新观念、应用新方法及更加有效地理解使用本教材有所帮助。

一是基础性和前沿性相结合的原则。教材，要系统介绍相关基本知识，这是毋庸置疑的，但在介绍基本知识的同时也要立足于前沿。就我们的阅读体验来说，目前相关教材总体上与前沿性知识之间还存在着不少隔膜。这并不是说所有的前沿研究成果都应该移用到教材中来，而是说前沿研究所得出来的那些适合于改进教学内容、提高教学效率的认识，是可以而且应该渗透到相关教材中来的，尤其是面向教师的教材。当然，大多数前沿成果并不能直接用于教学，而需要转化、提炼和整合；对前沿研究中有争议的东西更要慎重取用。基于这些年的研究实践、教学实践和教材编写实践，我们觉得教材编写要密切关注语言学和语言教学、语言习得研究的新进展。这也是对人类智慧的尊重。为此，本书适当引入了语言教学与研究中的新观念、新方法、新认识。举例来说，语体问题是近年研究的重要领域，涉及语音的语体问题也颇受关注。有的是长期受到关注的问题，如：“儿化是汉语中一种特殊的音变现象，它带有较多的地域方言色彩。”“儿化是一种非常口语化的语音现象，在比较正式的场合一般不用。因此，有的儿化词在正式场合就需要换另一个词来表达。如‘门儿（ménr）’，在一般性的口头交际场合可以说‘打网球我总算摸着门儿了’，而在正式场合就只能说‘打网球我总算找到方法了’之类的话。有不少留学生学了儿化韵后，在一些比较正式的场合也使用，这是不合适的。”有的是近期得到重新认识的问题，如：“四音节词的重音格式可以看作两个双音节词重音格式的组合。没有轻声音节的，按照‘中重中重’格式念；第二个音节是轻声的，按照‘中轻中重’格式念。……这两种格式的语体色彩差别很大，前一种比较正式，后一种用于比较随便、俚俗的场合。”我们虽然在描述中没有采用“语体”等概念来说明，但相关道理是蕴含于其中的。对于汉语教学和习得中的老大难问题，我们更是特别关注并适度吸收、化用学界可资借鉴的新认识。当然，无论是系统介绍语言基本知识，还是积极吸收前沿性观点，我们都不以理论化阐述为目标，而是追求语言知识和语言规则的可操作性和启发性。如何将本体研究的成果转化为教学资源，如何在介绍基本知识的过程中将教学与研究的最新理念、方法和成果渗透进来，是我们在编写过程中反复思考的问题。基于此，为了帮助读者培养一定的理论直觉和分析能力，我们会在某些内容上编写得稍微详尽一些，这并非要求读者马上掌握，而主要是试图提供一种分析问题的策略，启发读者拓宽思路，深化认识。当然，我们在介绍时力求深入浅出，避免增加新的负担。我们希望读者由此而更能体味语言结构的内在规律，感知语言系统的自然之质，享受语言教学的艺术之美。

二是描写和解释相结合的原则。面向教师的语言学教材，首先要对语言现象做出系统的描写。本书对汉语语音系统的基本内容做了较为充分的概括，尤其对跟二语教学相关的汉语语音内容做了详细的描写。既然是面向教师的教材，仅仅立足于相对充分的描写显然是不够的，必要的时候还需要给予有效的解释，而且这样的解释还跟一般语言学理论中的解释不完全一样，它应更多地体现出对特殊现象的说明。在教材中强化解释的内容，以前做得不够充分，大多数教材甚至少有关注。因此，本书不但追求对一般的语音现象做出准确概括，也特别重视对特殊现象特殊之处的说明以及对使用条件的说明和相关现象的阐发。如在介绍“塞擦音”的发音过程时，我们结合学界认识提请老师们注意：“塞擦音是由塞音和擦音这两种发音方法快速结合而发出来的音，先塞后擦。注意，塞和擦的动作要紧密结合，融合成一个完整的发音过程，发出来的音构成一个语音单位，而不是由两个辅音构成的复辅音。”这就将汉语语音系统的基本原则和教学策略有机融合在一起了。又如：“在普通话的同一个声调类型中，不管音节中的音素有多少个，它们的发音长度基本上是一样的。”“由于轻声音节念得比较短，前面一个音节就比单念时要长一些，但两个音节的长度之和仍跟念原调时大体相同。”这样的说明有助于学习者理解和把握汉语音节、韵律的特征。即便没有显著的偏误，我们对发音时局部不到位的地方也做出说明。学习一门语言的语音，学生或许可以不到位，但老师最好尽可能地准确到位。通观全书，会发现本书中标有“注意”以及“值得注意的是”“需要说明的是”这类字句的部分，内容非常丰富，而这些内容正是我们觉得值得特别关注的地方。这些特殊现象的说明往往渗透了学界的新观念、新认识和新成果。

三是知识性和启发性相结合的原则。毫无疑问，作为一本专著性教材，准确到位地介绍知识是根本。但我们在介绍系统知识的同时，特别注重知识结构背后所蕴含的认知功能。对教材而言，这主要体现于两个层次：一是知识本身的启发；二是蕴含在知识背后的大的原则的启示。如我们在介绍语音的基本结构时指出：“认识一种现象，最基本的路径就是在结构中先找出组成这些现象的成分，归纳出基本单位，然后再探讨这些单位的性质、相互间的关系以及结构规则。语音研究也是如此。”这是分析结构的基本原则。又如在概括轻声词的范围时指出：“上面的类型看起来复杂多样，实际上它们具有一个共同的特征，那就是词汇意义比较虚的成分容易念轻声。词汇意义越虚，读音越弱，念轻声的可能性就越大。这样的规律能够深化我们对轻声性质的理解，也有助于认识、理解一些词汇现象和语法现象。其实，各个语言中读得比较弱、比较轻的音节，也大体如此。”这就从类型学、语言比较、语言形式和功能之间的关系，语音和词汇及语法之间的关系等角度做了引导性思考。类似这样的话，本教材中时有所见。这里所谓的启发，不仅启发教师准确地处理问题，而且启发教师逐渐养成思考问题的习惯，甚至形成研究问题的能力。当然，这样做的根本目的是启发教师在教学过程中的创造性。有时对一些细微的语音特征和现象差别的说明，也是为了启发读者做出举一反三的思考和应用。我们相信，只要教师仔细领会书中带有启发性的内容，将会对自己认识语音系统、分析语言现象、提高教学效果有很大的帮助。

四是策略性和操作性相结合的原则。语言教学，大的策略就是因材施教，这实际也是所有教学的最基本的原则。具体到二语教学，就是需要根据教学对象和教学内容的特定情况来安排教学。这其中最需要关注的就是语别化（常体现为国别化，但就语音教材编写而言，语别化更为根本），注重语音系统的对比说明和语音习得的偏误分析。注重策略，自然注重教学内容的可操作性。因此，本书对各类语音要素的偏误现象做出说明，并在此基础上介绍具体的辨正策略和教学方法，以保证教学内容的可操作性。这些策略和操作都是因学习者母语背景不同而有不同选择。目前面向教师的二语教材中，一般举偏误之例时，常以母语为英语（印欧语）学习者的习得情况为例。其实，学汉语的学生中，日韩和东南亚的学生占绝大多数，因此这本教材同时强化了这方面的举例和分析。当然，最好是编写语别化汉语教材，但本教材作为通用性教材，目前只能尽可能强化针对性。

除此以外，策略性和操作性相结合的原则还体现在很多方面。理解和掌握基本术语是学习一门系统知识的基础。对面向教师的语言知识性教材而言，术语和概念的引入与理解很是关键。术语和概念问题并非它们本身的问题，而是涉及语言现象的抽象和使用条件的概括。因此，我们特别重视重要认识的推导、术语概念的阐发和特定条件的说明。为便于教师理解和掌握其实质，我们对很多术语的命名缘由、认知基础做了说明。如在介绍声母的发音部位时，对普通话声母的命名规则做了这样的说明："在上面各类命名中，双唇音和唇齿音是用相互配合形成阻碍的两个发音器官来命名的；舌尖前音、舌尖中音和舌尖后音是用发音器官的相对位置来命名的，这里并不是把舌尖分成前、中、后三段，而是指同舌尖相对形成阻碍的部分分为前、中、后，即上齿背、齿龈和硬腭前部；舌面音和舌根音虽然只用一个发音器官来命名，但共同构成阻碍的另一个发音器官也是相对应而存在的。掌握命名规则有助于记忆和练习发音。"表面上似乎无此必要，但基于教学实践，我们觉得很有必要。我们在教学实践中不时发现，学习者常对术语望文生义，为此，本书针对很多容易误解、偏解的术语做出特别的说明。如关于声母中的"不送气"，"这个术语并不表示发音时没有气流，而是指相对于送气音而言，这些音的气流比较弱。如果真的没有气流，那就发不出声音了。"我们还进一步指出："上面这些送气音和不送气音的区别只是在塞音、塞擦音中存在，但这并不意味着其他的音都是不送气音。恰恰相反，有的音气流往往比较强，如擦音都是送气的。只是由于这些音没有不送气音做对比，因此也就没有必要特别指出送气与否了。”基于此，我们还做出进一步的启发性说明：“在描写语音的发音方法时，如果通过对比发现具有区别意义的作用，那么就要把这样的发音特点描写出来。这是我们在教学过程中需要注意的。我们在学习和讲授语言知识时，既要注意术语对理解相关概念的提示作用，又要注意术语字面上没有做出提示的地方，以免引起误解。”这样，不但对特殊概念所可能引起的误解做了有效的提示，而且还揭示出了其中所蕴含的大原则，这样就将“授之以鱼”和“授之以渔”充分结合起来。学生学习的对象是“语言”的，但教师的知识结构，既是“语言”的，也是“语言学”的，而且是“科学”的。因此，从可操作性角度考虑，教材要特别注重揭示语言现象所蕴含的规则和规则所蕴含的认知基础。“教”，必然讲究可操作性；“师”，必然有可以师法并能让人高效师法的地方。一本语言（学）教材不可能解决所有的语言教学与习得问题，也许在介绍基本知识的同时提供一种分析问题、解决问题的思路更为重要。从可操作性角度阐发汉语特殊语言现象背后之理，是本书特别关注的地方。

为了方便读者，本书还编制了两个非常有用的索引。一个是“术语和概念检索”，这在一定程度上起到语音学术语词典的作用。为了使读者能够有效地掌握基本的术语系统，同时又能为读者有效地阅读相关的语言学论著和教材提供帮助，本书将术语系统分为主、从两个层级来处理，凡是基本的术语都用黑体标示出来，流行教材中可见的同实异名术语，便用“也叫”“又叫”等引出。用“也叫”“又叫”等引出的术语也有用黑体标示的，说明它虽然是异名，却也是很基本的术语。另一个是“语别、国别和地区检索”。二语教学中有一个非常特殊的地方，就是语别性强。不同语言的语音系统差别很大，而学习者受母语语音系统负迁移的影响非常明显，因此本书对汉语语音系统及其具体语音的发音特征和别的某些语言的语音系统及其具体语音的发音特征，做了大量的对比分析，重点突出汉语语音习得过程中常见的偏误表现及改进策略，并尽可能详细地举例说明。这是本书特别创新的地方，也使本书更加实用、适用。当然，虽然本书涉及的语言已达 30 多种，但限于篇幅和当前学界的研究现状，有的语别举例尚不够丰富，有待进一步补充新的教学实践、研究成果。

我们还对汉语拼音的书写形式与实际发音之间的关系在不同地方做了较为详细的说明，这是因为在实际教学过程中，学习者（甚至有的教师）常有混淆二者的情况。如教师必须提请学生注意："值得注意的是，普通话的一个记音符号有时代表好几个读音，如 ɑ、e 等，这主要是因为当它们跟其他的音组合时，在实际的发音过程中会产生一些变化。"又如关于舌面元音 i[i]、舌尖前元音 -i[ɿ] 和舌尖后元音 -i[ʅ] 都用一个拼音符号 i 来表示，教师理解了其中的道理，教学中就会更加到位。当然，在课堂上如何具体说明，则涉及教学的艺术。照搬教材的说法，将语言课堂变成语言学分析课、语言学操练课，这是万万不可取的。

足够而高效的输入是习得语言的基本保证。因此，本书教学用例和练习用例都非常丰富。用例的选择和安排颇费心血，也试图充分适应学习者的认知特点和习得过程，同时也为教师提供方便，教师初步改造后就可用于教学。

有一点需要特别说明的是，由于本书是汉语语音学教材，因此所举用例很多标注了汉语拼音。根据《汉语拼音正词法基本规则》（GB/T 16159—2012）和《〈汉语拼音正词法基本规则〉解读》（教育部语言文字信息管理司组编，语文出版社，2013 年）的基本精神，本书中出现的所有双音节动宾型结构（包括离合词和短语）的拼音，按双音节韵律词模式处理，连写（若这些结构中间插入了其他成分，则分写）。这样处理，与汉语二语教学实践相契合，尤其是在教师教学或学习者自学成组用例时，方便其语音对照，避免给他们增加多余的困扰。

本书每章后还编写了"思考与练习"。思考题是开放性的，意在启发读者进一步探讨和分析；练习题则注重通过规则操作来强化所学的知识，书末附有参考答案。

二

这里再简单说一下本书的编写过程。

本书撰写者之一施春宏曾编写了"国际汉语教师标准丛书"中的《汉语基本

知识（语法篇）》，北京语言大学出版社 2011 年出版。该书出版后，受到汉语教学界和语法学界的欢迎，并成为国际汉语教师资格考试参考用书和一些高校的教学用书，几乎每年都在重印。然而，与“语法篇”配套的“语音篇、词汇篇、汉字篇”未能及时出版。2014 年，北京语言大学出版社对外汉语教育事业部副主任陈维昌先生跟我们谈起汉语国际教育方面的出版计划时，希望我们接着编写“语音篇”和“词汇篇”。我们开始有些犹豫，因为编写这样的专著性教材，有很多实际困难。表面上看，这样的教材几乎是通识性知识介绍，整合一下相关知识就行了。市面上的一些教材正是如此，基本知识框架和内容跟大学《现代汉语》教材差别并不大，有时则增加一些习得方面的简单介绍。然而，在我们看来，这显然是不够的。近些年，语音教学和习得研究，词汇教学和习得研究，语音和词汇的本体研究，语音、词汇和语法的互动关系研究等，都取得了极其丰硕的成果，而这些成果绝大多数都散布在学术论文和专著中，并未进入教材（即便是面向中文系本科生的《现代汉语》教材也多是如此）。要想编写一本富含前沿成果又很实用的基础性教材，就必须大量阅读相关论著并做出简明、系统的概括，有时在取舍之间还需要自己做出某种程度的探索。这对我们也殊为不易。经过反复磋商和尝试写作，我们最后接受了这项艰巨的任务。

近些年我们做了一系列的习得与教学研究工作，目前正在从事两个与二语教学和习得有关的国家社科基金项目研究，这对我们重新认识语言系统和语言习得的性质及其关系很有帮助，对认识语言知识和语言知识在教学中呈现的内容和方式也很有帮助。施春宏也编写过两本面向第二语言教学的语言学教材，除了上面言及的《汉语基本知识（语法篇）》，还有一本《作为第二语言的汉语概说》（北京大学出版社，2009 年），另外还和香港中文大学冯胜利教授合撰过一本教学语法参考书《三一语法：结构 · 功能 · 语境——初中级汉语语法点教学指南》（北京大学出版社，2015 年）。这些著作的编写工作为我们接受新的任务打下了很好的基础。说做就做，我们共同确立了这样的编写思路：服务教学，立足基本，紧贴前沿，表述简明。我们反复商讨编写计划，拟定详细的编写提纲，然后分头撰写。我们一面大规模地阅读、整理、消化前沿性成果，一面力图通过浅易的叙述方式将这些成果吸收到这两部书稿中。每写一部分都相互修改，来回数次，直至完稿。最后统稿时，每个人重点负责其中的一册，即施春宏负责《汉语基本知识（语音篇）》，蔡淑美负责《汉语基本知识（词汇篇）》。统稿过程中遇到的问题，共同解决。值得一说的是，2005—2008年间，蔡淑美曾在北京语言大学师从施春宏攻读硕士研究生学位，读硕士期间就在语言学专业核心期刊《世界汉语教学》和《语言教学与研究》上发表了学术论文（硕士毕业后赴新加坡国立大学攻读博士学位，现任教于厦门大学），这些年我们又有了很多合作研究。这两本书的写作和出版，进一步展示了我们之间的师生之谊。

在艰难跋涉中我们完成了《汉语基本知识（语音篇）》。令人欣慰的是，我们的努力得到了书稿评审专家的充分肯定，其中有这样鼓励性的话："本书着重从对外汉语教学的角度介绍了汉语语音的基本知识。在讲解语音基本概念之外，本书的一大亮点在于从语音习得偏误分析、语音教学的基本原则和方法等入手，深入浅出地展开阐述，运用语言的内在规律分析语音的表层现象（尤其是种种特殊和例外的现象）。与同类汉语语音专著或教材相比，更有创新性；对对外汉语教师和学习者来说，更富有实用性、指导性和可操作性。"

《汉语基本知识（词汇篇）》的撰写在本书2015年10月送达出版社审稿时就已开始了，目前已基本编就。《汉语基本知识（汉字篇）》（施春宏、王伟超著）的编写原则和内容也已开始规划。我们同样会努力实践跟"语法篇"和"语音篇"一致的编写理念和人生追求。

需要说明的是，本书在编写过程中吸收了很多前辈和时贤的观点，由于体例所限，未能一一在书中注明。这里谨致无限谢意和歉意。学者们的原创性观点虽不能保证一一注明，但他们的学术思想和学术成果必将会得到更加广泛的传播。

三

最后还要特别表达一下我们的感激之情。

本书的写作得到了资深对外汉语教学专家和前辈刘珣先生、崔永华先生的热情指导，谨此表达我们崇高的敬意和无限的谢意。

本书初稿完成后，北京语言大学博士研究生马伟忠、李延波、邱莹和硕士研究生李娜娜、李显赫、马文津、宁颖琦、王伟超、赵芸芸、李娜、刘卫强，厦门大学硕士研究生罗娟、彭圆琦通读了书稿，并提出了很多极富价值的意见和建议。北京语言大学硕士研究生罗斐、张子豪、刘星宇、奚柳青在校稿过程中提供了很多帮助。在写作过程中，我们还得到了北京语言大学和厦门大学很多老师的热情指导。在此一并致谢。

这里还要特别感谢北京语言大学出版社的全力支持，陈维昌先生的不懈督促，尤其是责任编辑黄英老师为本书出版所付出的辛勤劳动。黄英老师在本书的基本认识、结构安排、用例选择、表达打磨、字词规范诸方面都贡献了作者难以想象的智慧、精力和热情。我们十分感佩，谨此致以崇高的敬意和无限的谢意。

尽管作者在写作过程中可谓尽心尽力，但错漏之处自然难免。敬请读者朋友不吝赐教。欢迎通过电子邮件跟我们直接联系，施春宏的电子邮箱是shichunhongblcu@163.com，蔡淑美的电子信箱是 chenzhoushmcai@126.com。谨此预谢！

施春宏　蔡淑美

第一章 语音概说

语言是人类最重要的交际工具。语音是语言的物质外壳，在口头交际中，无论是一个词还是一个语段，都是用语音形式表达出来的，因此它是人与外界进行交际和沟通的最重要的桥梁之一。掌握语音不仅是人们学会母语的第一步，也是学习母语之外的第二语言的重要基础。人们通过掌握某种语言的语音知识，学习正确的发音，为使用该种语言进行口语交际打下基础。发音的好坏直接影响着一个人的语言水平和交际能力。

在汉语作为第二语言的教学过程中，教师要想顺利地进行语音教学并取得良好的教学效果，就必须了解有关汉语语音的基础知识，具备准确地发音、辨音和纠音的能力，同时还要掌握有关汉语语音教学的基本原则，并能熟练地运用语音教学的各种方法和技巧等。因此，本书将系统介绍有关汉语语音知识和语音教学技能方面的内容。下面我们首先来介绍语音的基本属性和一些基础概念。

第一节 语音的性质

在大自然和日常生活当中，我们常常听到各种各样的声音，如春雨的淅淅沥沥、小鸟的叽叽喳喳、滴滴的车鸣声、咚咚的锣鼓声等等。我们在与人交流沟通时所说的话，也是一种声音。不过，这种声音有别于自然界或生活中的其他声音，它是由人的发音器官发出来的、表达一定意义的声音，我们称之为**语音**。

声音是由物体振动产生、以声波形式传递的物理现象。语音是声音的一种，因此也具有一般声音所具有的物理属性。但是，语音与一般的声音有着本质的区别，它是由人的发音器官发出来的声音，具有生理属性。那些不是由人发出来的声音，如上面所说的雨声、小鸟叫声、车鸣声和锣鼓声，都不是语音。“风声、雨声、读书声，声声入耳”中的“风声、雨声”也都不是语音，只有“读书声”才属于语音。除了具有生理属性，语音还具有社会属性，因为它能表达和传递某种意义，其作用在于社会交际。像困倦时的哈欠声、睡觉时的呼噜声、感冒时的喷嚏声等，由于并不表示交际活动中的特定意义，因此也都不能看作语音。

下面分别从物理属性、生理属性和社会属性这三个方面来阐述语音的性质。

一、语音的物理属性

声音是由物体振动产生的。声波通过一定的介质（如空气等）传到人的耳朵里，刺激人的听觉神经，人就听到了声音。作为一种物理现象，声音有音高、音强、音长、音色这四种物理属性。语音作为声音的一种，同样也具有这四种物理属性。

（一）音高

音高指声音的高低。它是由频率（即发音体在单位时间里振动的快慢）决定的。音高和频率成正比关系：在一定的时间里发音体振动得慢，频率就低，声音也就低；反之，发音体振动得快，频率就高，声音也就高。发音体振动时的频率又与它本身的长短、大小、粗细、厚薄、松紧有关系。因此，在同样大小的作用力下，长的、大的、粗的、厚的、松的物体振动慢，频率低，声音就低；短的、小的、细的、薄的、紧的物体振动快，频率高，声音就高。

语音是由声带的振动产生的。因此，音高就跟声带的长短、厚薄、松紧有关系。声带短一些、薄一些，发音时声音就高一些，反之则低。不同的人声带状况并不一样。一般而言，小孩儿和女人的声带较小、较薄，每秒可振动 150—300 次，发出的音比较高、比较尖；而成年男性的声带较大、较厚，每秒可振动 60—200 次，发出的音相对比较低、比较浑厚。同一个人可以通过控制声带的松紧来调节音高，声带紧一些，声音就高一些。情绪激动时声音高，情绪低落时声音低，就是因为声带绷紧或放松的缘故。

就汉语的语音系统而言，音高的变化具有区别意义的作用，这主要体现在声调上。同是“bɑ”音，“bā（八）”“bá（拔）”“bǎ（把）”“bà（爸）”声调不同，意义也就不同。即便是汉字写法相同的词，如“结果（jiēguǒ[①]，指长出果实）”和“结果（jiéguǒ，指事物发展所达到的最后状态）”，“结”的音高不同，意义也大不一样。由

① 根据《汉语拼音正词法基本规则》（GB/T 16159—2012）和《〈汉语拼音正词法基本规则〉解读》（教育部语言文字信息管理司组编，语文出版社，2013 年）的基本精神，本书中出现的所有双音节动宾型结构（包括离合词和短语）的拼音，按双音节韵律词模式处理，连写（若这些结构中间插入了其他成分，则分写）。这样处理，与汉语二语教学实践相契合，尤其是在教师教学或学习者自学成组用例时，方便其语音对照，避免给他们增加多余的困扰。

此可见，音高对于汉语来说是相当重要的。在中国境内的一些少数民族语言（如藏语、纳西语、苗语等）和东南亚一些国家的语言（如越南语、柬埔寨语、缅甸语、泰语等）中，声音的高低也都能区别意义，它们都属于有声调的语言。印欧语中的瑞典语、美洲印第安语、非洲班图语系的部分语言也有声调。而像英语、法语、阿拉伯语等语言，声音的高低并不区别意义，它们属于没有声调的语言。对于那些母语为非声调语言的学习者来说，声调的学习既是重点，也是难点。其实，即便母语是有声调的语言，学习汉语声调时也会遇到困难，因为各语言中声调系统差别很大。

（二）音强

音强指声音的强弱。它是由发音体振动幅度（振幅）的大小决定的。音强与振幅的大小成正比：振幅大，声音就强；振幅小，声音就弱。就语音而言，发音体的振幅与发音时用力的大小、呼出气流的强弱有关。用力大，气流强，声音就强；用力小，气流弱，声音就弱。比如同一个人说话，用力大、气流强时可以“声如洪钟”，用力小、气流弱时也可以“声若蚊蝇”。又如同一面鼓，使劲敲打，鼓声就强；轻轻敲时，鼓声就弱。

音强主要与语言中的轻重音有关系。汉语普通话中有轻声词，如“爸爸（bàba）、桌子（zhuōzi）、思量（sīliang）、清楚（qīngchu）”等，前一个音节读得重一些，后一个音节读得轻一些。汉语一般不靠轻重音来区别词义，但轻重音有时也具有区别意义的作用。比如“东西（dōngxī，指东边和西边）”和“东西（dōngxi，泛指各种事物）”、“对头（duìtóu，指正确、合适）”和“对头（duìtou，指敌对的方面、对手）”，其中的“西”和“头”读不读轻声，对词语的意思影响很大。在有些语言中，轻重音具有系统的作用，如英语单词中的重音通常都有固定的位置，有时重音位置不同，意思会不一样。比如“record[riˈkɔːd]”和“record[ˈrekɔːd]”，前者是动词，意指录音或记录；后者为名词，意指唱片或档案。

（三）音长

音长指声音的长短。它是由发音体振动的时间决定的。声带振动的时间长，语音就长；声带振动的时间短，语音就短。

音长在语音系统里主要表现为长短音。在汉语普通话中，音长一般来说并不起区别意义的作用，不过它与表示不同语气和感情的语调有关系。比如“啊”，发音短促时往往表示应答，发音较长时则表示惊异或赞叹。在汉语某些方言里，音长能够区别意义，如广州话的“三 [saːm]”和“心 [sam]”、“蓝 [laːm]”和“林 [lam]”。在其他

的一些语言中，音长也能够区别意义，如英语的“leave[li:v]（离开）”和“live[liv]（生活）”、“beat[bi:t]（敲打）”和“bit[bit]（一点儿）”、“sheep[ʃi:p]（绵羊）”和“ship[ʃɪp]（船）”等，它们的音长不同，意思不同，是不同的词。又如日语的“こきゅう[kokjɯ:]（呼吸）”和“こうきゅう[ko:kjɯ:]（高级）”、“じこ[dʑiko]（事故）”和“じこう[dʑiko:]（事项）”这两组词，前一个词中的[o]是短元音，后一个词中的[o:]是长元音，长短不同，意义有别，它们也是不同的词。

（四）音色

音色指声音的特色、个性，也叫**音质**。我们在听人唱歌时常说，某人的嗓音很美，珠圆玉润；对于熟悉的人，往往可以凭借其声音就知道说话人是谁，所谓闻其声而知其人；我们也很容易分辨出小提琴的纤柔灵巧、大提琴的深沉醇厚、小号的嘹亮激昂……每种乐器都有着独特的表现力。这些说的都是音色问题。音色是一种声音能与其他声音区别开来的最本质的特征。

音色具有区别意义的重要作用，以下三个因素的不同造成了音色的不同：

一是发音体的不同。发音体材质的不同会造成音色的不同。比如笛子和二胡同奏一首曲子，人们可以清楚地分辨出二者的区别。这主要是因为笛子的发音体是笛膜，一般取自竹子或芦苇的茎；而二胡的发音体是琴膜，一般由蟒皮做成。发音体的不同使它们各有自己的音色。人的发音体就是声带，每个人的声带都有细微的差别，发出来的声音也就有所不同。

二是发音方法的不同。学习琵琶的人都知道，光是右手就有弹、挑、分、勾、抹、拂、扫等多种指法，每种指法演奏出来的声音都不太一样。唐代白居易的《琵琶行》中有“转轴拨弦三两声，未成曲调先有情”“轻拢慢捻抹复挑，初为《霓裳》后《六幺》”“曲终收拨当心画，四弦一声如裂帛”等诗句，很好地说明了由于发音方法的不同而产生了不同的音色，从而引起了人们不同的听觉和心理感受。在汉语普通话中，发 d 时气流不强，是不送气音；发 t 时气流较强，是送气音。送气与否，音色不同。发 j 时用先爆破后摩擦的方法，是塞擦音；发 x 时用摩擦的方法，是擦音。这也导致二者的音色不一样。

三是共鸣器形状的不同。共鸣又叫共振。一个静止的发音体，如果遇到与之振动频率相同或相近的声音，就会受影响而发音，这就是声音的共鸣。这个受影响而振动的发音体，就叫共鸣器。如钢琴、提琴、口琴的琴身，二胡、京胡、三弦琴的琴筒，在琴弦振动发声时都起了共鸣器的作用。人的发音主要是以口腔、鼻腔、咽腔和喉腔作为共鸣器的，由于共鸣器形状和大小的不同，会产生不同的音色。比如，汉语的 b

和 m 都是由上唇和下唇接触而形成的发音，但 b 在口腔发音，m 在鼻腔发音，共鸣器的形状不同，音色自然不一样。又比如，同样是口腔元音，普通话元音 o 和 e 发音也有不同，发 o 时嘴唇是圆的，发 e 时嘴唇是展平的，嘴唇圆展不同，所形成的共鸣器形状也不同，由此带来了语音上的差异。

我们每个人说话声音的不同主要是由音色不同造成的。各人声带的长短、厚薄（发音体）不同，说话时用气的强弱、声带的松紧、运气的方法、口腔舌头控制的情况等（发音方法）不同，口腔、鼻腔等大小、形状（共鸣器）不同，从而形成了各自的声音特色。

音高、音强、音长和音色构成了语音的基本物理属性。其中，能将不同声音区别开来的最本质特征是音色，音高、音强和音长在不同语言中具有不同的地位和作用。就汉语来说，由于音高的变化带来声调的不同从而区别意义，因此音高占有重要地位；音强和音长则是次要的。而在英语中，音高没有区别意义的作用；相反，音强和音长的不同能区别意义，因此音强、音长具有重要意义。

二、语音的生理属性

跟自然界的其他声音相比，语音是由人类的发音器官各部分协同运作产生的，具有生理属性。要弄清楚人们怎样利用发音器官发出语音，就必须先了解发音器官的构造和活动情况。

根据在发音过程中所起的不同作用，我们把人的发音器官分为以下三大部分：动力源、发音体和共鸣腔。对照图 1-1，我们来详细了解一下各部分的构造和功能。

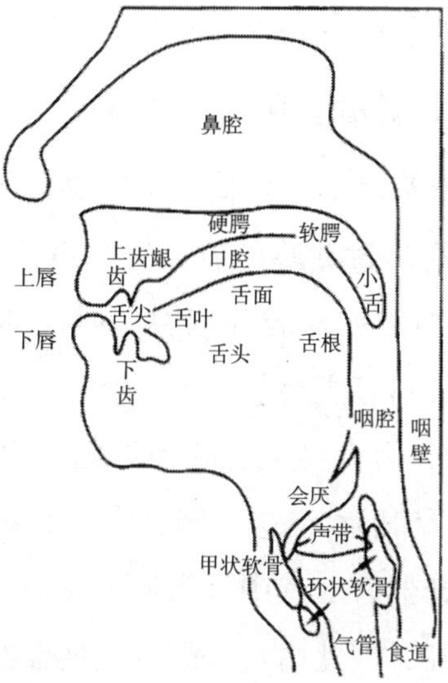

图 1-1　发音器官纵切面示意图

（一）动力源——肺

发音首先要有气流，而气流的产生主要来源于肺部的收缩和扩张。肺部呼气和吸气的气流变化，为语音的发出提供了动力。气流先从肺部出来，到达气管上端的喉头并作用于声带，经过共鸣腔（口腔、鼻腔、咽腔）的调节后，发出各种不同的声音。世界上大多数语言的语音一般都利用呼气作为动力，非洲有的语言有利用吸气来发音的，越南语也有吸气音，汉语中的一些方言也有。在汉语普通话的日常交际中，表达赞美称羡时发出的"啧啧啧"，打冷战或被烫时发出的"咝咝"声，吃惊时倒吸一口凉气的"啊——"，在实际发音时也是一种吸气音，不过这种情况相当少。

肺部是发音的动力源，语音的强弱与动力的大小成正比。想要让声音强，肺部就要呼出较大的气流。有的病人呼吸能力受限，发出的声音就比较弱，所谓的"气若游丝"就是如此。

（二）发音体——声带

肺部呼出的气流作用于声带，使声带振动，产生声音。因此，声带是重要的发音体。声带位于喉头中间，是两片富有弹性的带状薄膜。两片声带之间的空隙叫声门。人们主要是靠声带和声带周围的肌肉收缩发出语音的。受声带的松紧、声门的开合、声带颤动与否的影响，可以发出不同音色的音来。

声带在发音过程中起着关键的作用。前面在介绍音高的时候讲过，声音的高低跟声带的长短、厚薄和松紧有关系。比如，跟成人相比，小孩的声带又短又薄，发出来的声音又尖又细。不同的人，声带特点不同，发出的音也就不一样。同一个人说话或唱歌时声音也会有高有低，那是因为人可以有意识地控制声带的松紧来调节。

（三）共鸣腔——口腔、鼻腔、咽腔

声带振动产生的声音通常很微弱、含糊不清，这样的声音不足以构成真正满足人类社会交际需要的语音。只有经过共鸣腔放大后的声音才是我们平日所听到的语音。人类发音的共鸣腔主要包括口腔、鼻腔和咽腔，而大部分的发音器官又多集中在口腔。具体说来，口腔里的发音器官主要包括上下唇、上下齿、齿龈、硬腭、软腭、小舌和舌头。其中舌头可以细分为舌尖、舌叶和舌面，而舌面又可再分为舌面前、舌面中和舌面后（习惯上也叫舌根）。在这些器官中，唇、软腭、小舌和舌头等都能活动，它们和声带都是主动发音器官。其中舌头最为灵活，人通过舌头的不同动作和位置变化可以形成不同的共鸣腔，因此由舌头配合其他器官发出来的音最多。齿、齿龈

和硬腭等器官一般不能活动，是被动发音器官。以汉语作为第二语言的学习者在学习发音时可以准备一面小镜子，随时观察并熟悉发音器官的位置，也可以通过看直观图像，仔细琢磨发音的方法。

鼻腔也是一个重要的共鸣腔。鼻腔和口腔之间隔着软腭和小舌，它们的作用在于控制气流活动的方向。当软腭上升、小舌上翘时，口腔畅通，鼻腔堵塞，气流只能从口腔出来并在口腔中产生共鸣，此时发出的音叫**口音**。普通话中的 ɑ、o、e 以及 b、p、d、t 等都是口音。当软腭下垂、小舌下坠时，口腔成阻，鼻腔畅通，气流只能从鼻腔出来并在鼻腔中产生共鸣，此时发出的音叫**鼻音**。普通话中的 m、n 都是鼻音。在口音和鼻音之间还存在着中间状态，气流可以同时从口腔和鼻腔呼出并且在这两处都产生共鸣，此时发出的音叫**口鼻音**，又叫半鼻音或鼻化音。汉语一些方言中有的韵母就是这样的鼻化音。

咽腔位于喉头的上面，是口腔、鼻腔和食道的会合之处。发音时咽腔可以改变形状而产生共鸣，使声音清晰、悦耳。爱唱歌的人比较容易体会到，咽腔是连接低声区和高声区的纽带，唱美声的人常用咽腔作为主要的共鸣腔，咽腔共鸣可以使歌声更为丰满、宏大、富有质感。

三、语音的社会属性

语言的社会属性指的是语言作为人类最重要的交际工具，具有交际功能。语音是语言的物质外壳，同样也具有社会属性。语音的社会属性主要表现在以下两个方面。

一是音义结合的约定俗成性。单纯的声音并无意义可言，只有跟一定的意义结合起来，才能成为语音。而用什么样的声音来表示什么样的意义，并不是由声音或者意义本身决定的，也不是由说这种语言的个人决定，而是由使用这种语言的社会成员共同约定俗成的。比如，“写字、画图的工具”在汉语里是“bǐ（笔）”，在英语里则用“pen”来表示。可见，声音和意义没有必然的联系，音和义的固定联系是由使用该语言的社会成员约定俗成的。一旦某个音和某种意义之间的关系固定下来，该社会的语言使用者就需要共同遵守，个人不能随意改变。如果把汉语的“bǐ（笔）”或英语的“pen”任意换成别的什么音来表示“写字、画图的工具”这个意义，在相应的语言社会中，交际就无法进行。

二是语音的系统性。每种语言的语音都有一套自己的系统。首先，有哪些音，没有哪些音，每种语言并不完全一样。比如，汉语普通话中有舌尖后音 zh、ch、sh，英语没有。英语中的舌叶音[tʃ]、[tʃ^h]、[ʃ]的音色虽与zh、ch、sh接近，但并不相同。母语为英语的学习者在学习汉语的 zh、ch、sh 时，容易用 [tʃ]、[tʃ^h]、[ʃ] 来代替，这是不了解或者没有区分清楚两种语言的语音系统的缘故。又比如，汉语普通话中有舌面音 j、q、x，而在东南亚国家的语言中一般没有与之相同的音，所以这一组音是东南亚学生学习普通话的共同难点。其次，不同语言的语音具有不同的区别特征。在汉语里，送气和不送气是一对重要的区别特征，如“bà（爸）— pà（怕）”的不同来自于 b—p 这两个音送气 / 不送气的差别；在英语里，送气 / 不送气一般不会带来意义的变化。“sport（运动）”中的 p 是不送气的，若念成送气音，听者只是觉得发音不太标准而已，并不会影响他对这个词的理解。另外，有些音在不同的语言或方言中都有，但在各自的系统中具有不同的作用和地位。比如，汉语普通话中的 z 和 zh、c 和 ch、s 和 sh 是不同的音，而在有的方言里却发成一个音，如“shīrén（诗人）”说成“sīrén（私人）”；有的方言如南京话中 n、l 不分，如“liúlián（榴莲）”和“niú nián（牛年）”发音相同。

每种语言都具有各自的语音特点，语音的多少、语音的组合、是否具有区别特征、能否区别意义等，这些主要不是由语音的物理属性和生理属性决定的，而是由语音的社会属性决定的，其本质来源于语言的交际功能。可以说，语音的社会属性是其本质属性。

第二节　语音的基本概念

认识一种现象，最基本的路径就是在结构中先找出组成这些现象的成分，归纳出基本单位，然后再探讨这些单位的性质、相互间的关系以及结构规则。语音研究也是如此。语音单位是从成串的话语中切分和归纳出来的。下面先了解一下与语音有关的几个基本单位，后面几节再以此为基础来系统说明现代汉语普通话语音系统的构成情况。

一、音节

音节是语流中最自然的语音单位，也是我们在听觉上最容易区分清楚的语音片段。

音节和音节之间具有明显的可感知界限，一般人都能自然而然地感觉到。比如说汉语普通话的人很容易感知到“shèhuì（社会）”是由“shè”和“huì”这两个语音片段组成的，而说法语的人则很容易感知到“société”是由“so-ci-é-té”这四个语音片段组成的。人们在发音节的时候，发音器官特别是喉部的肌肉会明显地紧张一下。每一次肌肉的紧张度增而复减，就形成一个音节。比如发“kù'ài（酷爱）”时肌肉紧张两次，而发“kuài（快）”时只紧张了一次，因此前者是两个音节，后者是一个音节。

就汉语的语音系统和书写系统而言，音节和汉字基本上是对应的。一般来说，一个音节对应一个汉字，如“dàodá”这两个音节对应“到达”这两个汉字。不过，汉语普通话中还有一种特殊的例外情况，即所谓的“儿化”现象。如“xiǎoháir”代表“xiǎo”和“háir”两个音节，但写出来却是三个汉字“小孩儿”，实际读音中的音节数量和汉字书写并不太一致。有时书面上将“儿”写得小一些（如“小孩儿”），表示它自身不是一个音节，得跟前面的字音合成一个音节。①

二、音素

音节还不是语音的最小单位，它还可以进一步划分出更小的语音单位。这可以用比较的方法来分析。比如汉语的“dá（达）”和“dú（读）”，前面一个音都是 d，后面的音一个是 a，一个是 u，是不同的音，而且 a 和 u 不能再进一步往下分了。又比如“gē（歌）”和“kē（科）”，后面一个音都是 e，但前面的音一个是 g，一个是 k，也不能再进一步往下分了。像 d、a、u、g、k、e 这样的从音色角度切分出来的最小语音单位就是音素。**音素**是构成音节的最小单位或最小语音片段。

平常我们听到的音节，都是音素按照语音结构的规则组合而成的。在普通话语音系统中，最少的音节由一个音素组成，如“è（饿）”；最多的音节由四个音素组成，如“quán（全）”是由 q、ü、a、n 这四个音素构成的。关于音素构成音节的组合规则及音节结构，后面的部分将会进一步介绍。

三、元音和辅音

音素内部的性质是有差异的，如上面“dá（达）”这个音节，在发“d”时，气

① 此外，曾经存在过的“瓩（qiānwǎ）、圕（túshūguǎn）”等多音节汉字属于另外一种汉字与音节不对应的情况，这些用法在现行规范中已被废除。

流在口腔受到阻碍，需要通过解除阻碍才能发出音来；在发“ɑ”时，气流振动声带，通过口腔而不受阻碍。因此，根据内部性质的差异可以将音素分成元音和辅音两大类。

元音是指气流通过口腔时不受发音器官阻碍而发出来的音。如 ɑ、o、e、i、u、ü 等。所有的元音都需要振动声带，因此声音比较响亮。值得注意的是，“不受阻碍”并不是指发音器官处于放松状态，而是指发音器官各部分保持均衡的紧张状态。由于不受阻碍，并不需要产生很大的气流去解除阻碍，因此气流一般比较弱。

辅音是指气流通过口腔时受到发音器官阻碍而发出来的音。如 b、p、d、t、x、zh 等。英语“book[bʊk]（书）”中的 [b] 和 [k] 也都是辅音。发辅音时，声带不一定振动，跟元音相比，声音一般不响亮。平时我们读辅音时感觉比较响亮是因为在辅音后面加上了元音的效果。由于辅音都是受到阻碍后发出来的音，而形成阻碍的部分在发音过程中特别紧张，需要较大的气流去解除阻碍，因此发辅音时的气流比较强。

元音和辅音相互配合，形成音节，二者互相区别，各有特点。

四、声母、韵母、声调

元音和辅音是从音素的角度来区分的，可以用于分析所有语言的语音现象。而汉语的语音及其结构有自身的特点，根据传统的汉语语音学（即音韵学）的分析方法，音节可以分为声母和韵母两个部分，再加上一个贯穿整个音节的声调。

（一）声母

声母是指音节开头的辅音。比如在“nǐ hǎo（你好）”这两个音节里，声母分别是最开头的辅音 n 和 h。汉语普通话里有 b、p、m、f、d、t、n、l 等 21 个辅音声母。不过，也有的音节没有声母，习惯上叫**零声母音节**。像“ō（噢）、ān（安）”这样的音节，开头没有辅音，就是零声母音节。人们之所以用“零声母音节”来称呼这种情况，是从汉语音节的系统性来考虑的，每个音节都由声母和韵母两部分组成；而且有的零声母音节在发音时带有一些摩擦（如 ü 做零声母音节的韵头时），这点跟声母相近。

声母是从汉语音节的特点出发分析出来的结构单位。它与辅音既有联系又有区别。除零声母外，汉语音节中的声母都是辅音，反之则不然。大部分的辅音都可以充当声母。有的除了充当声母外，还可以充当韵尾，如 n 在“nín（您）”这个音节里就既充当声母，又充当韵尾（当然，二者的实际发音有些差别）。而个别辅音只能充当韵尾，如“dōng（东）”中的 ng（注意，普通话中用 ng 这两个符号来记录一个辅音，而不是“n+g”两个辅音，下文将有说明）。

（二）韵母

韵母是指音节中声母后面的部分。比如在“pō（坡）、hǎo（好）、chuāng（窗）”这些音节中，韵母分别是 o、ao 和 uang。汉语普通话音节里一定有韵母，没有韵母，就没有音节。但音节中不一定有声母，如零声母的情况。因此，韵母是普通话音节中最主要的组成部分。

同声母和辅音的关系一样，韵母和元音也是既有联系又有区别。韵母主要是由元音构成的，如“pō（坡）、hǎo（好）”中的 o 和 ao 都是元音或元音组合。但有的韵母既有元音又有辅音，如“chuāng（窗）”中的 uang 先由元音 u 和 ang 组成，ang 又由元音 a 和辅音 ng 组成。

（三）声调

汉语的音节除了声母和韵母这两个部分以外，还有一个贯穿整个音节的声调。

声调是指音节中具有区别意义作用的音高变化。音高变化主要有高低、升降、曲直等表现形式，比如“cháng（长）”的音高变化是从低到高，为升调；“duǎn（短）”的音高变化是先降后升，为曲折调。声调是汉语音节结构中不可缺少的重要组成部分，具有区别意义的作用。声母和韵母相同的音节，如果声调不同，意义就不同，如“chēng（撑）、chéng（成）、chěng（逞）、chèng（秤）”因为声调不同，意义有差别，书面上写成四个不同的汉字。

汉语普通话有四个声调（另外还有轻声），方言声调有多有少，最少的有三个声调，多的达到十一二个。跟多数没有声调的印欧语相比，声调是汉语的重要特征之一。因此，声调学习成为母语背景为非声调语言的汉语学习者的难点之一。即便母语是有声调的语言（如越南语、泰语、缅甸语、苗语、藏语、瑞典语等），由于不同语言中的声调系统没有对应关系，习得起来也有很大的难度。

第三节　汉语拼音方案

为了给汉语记音和给汉字注音，从古到今采取过多种记音方法。现在，通行最广的是《汉语拼音方案》。《汉语拼音方案》是 1958 年由中华人民共和国第一届全国人民代表大会第五次会议批准公布的国家法定的记音符号。在字母形式上，它采用国际通用的拉丁字母来拼写普通话的语音，书写方便，也便于国际交流。

《汉语拼音方案》的主要用途是给汉字注音和推广普通话，并非用来代替汉字。中国的小学生入学后，一般先学汉语拼音，然后通过拼音来帮助认识汉字。除此之外，它还在多个领域发挥了重要的作用，如用来作为中国各少数民族创制和改革文字的共同基础，广泛应用于中文信息处理，用来帮助母语为非汉语的人学汉语，用来音译人名、地名和科学术语，以及用来编制索引和代号等。

《汉语拼音方案》包括五个方面的内容：一、字母表；二、声母表；三、韵母表；四、声调符号；五、隔音符号。原文如下：

一、字母表

字母：	Aa	Bb	Cc	Dd	Ee	Ff	Gg
名称：	ㄚ	ㄅㄝ	ㄘㄝ	ㄉㄝ	ㄜ	ㄝㄈ	ㄍㄝ
	Hh	Ii	Jj	Kk	Ll	Mm	Nn
	ㄏㄚ	ㄧ	ㄐㄧㄝ	ㄎㄝ	ㄝㄌ	ㄝㄇ	ㄋㄝ
	Oo	Pp	Qq	Rr	Ss	Tt	
	ㄛ	ㄆㄝ	ㄑㄧㄡ	ㄚㄦ	ㄝㄙ	ㄊㄝ	
	Uu	Vv	Ww	Xx	Yy	Zz	
	ㄨ	ㄪㄝ	ㄨㄚ	ㄒㄧ	ㄧㄚ	ㄗㄝ	

v 只用来拼写外来语、少数民族语言和方言。

字母的手写体依照拉丁字母的一般书写习惯。

二、声母表

b	p	m	f	d	t	n	l
ㄅ玻	ㄆ坡	ㄇ摸	ㄈ佛	ㄉ得	ㄊ特	ㄋ讷	ㄌ勒
g	k	h		j	q	x	
ㄍ哥	ㄎ科	ㄏ喝		ㄐ基	ㄑ欺	ㄒ希	
zh	ch	sh	r	z	c	s	
ㄓ知	ㄔ蚩	ㄕ诗	ㄖ日	ㄗ资	ㄘ雌	ㄙ思	

在给汉字注音的时候，为了使拼式简短，zh ch sh[①] 可以省作 ẑ ĉ ŝ。

三、韵母表

	i 丨　衣	u ㄨ　乌	ü ㄩ　迂
a ㄚ　啊	ia 丨ㄚ　呀	ua ㄨㄚ　蛙	
o ㄛ　喔		uo ㄨㄛ　窝	
e ㄜ　鹅	ie 丨ㄝ　耶		üe ㄩㄝ　约
ai ㄞ　哀		uai ㄨㄞ　歪	
ei ㄟ　欸		uei ㄨㄟ　威	
ao ㄠ　熬	iao 丨ㄠ　腰		
ou ㄡ　欧	iou 丨ㄡ　忧		
an ㄢ　安	ian 丨ㄢ　烟	uan ㄨㄢ　弯	üan ㄩㄢ　冤
en ㄣ　恩	in 丨ㄣ　因	uen ㄨㄣ　温	ün ㄩㄣ　晕
ang ㄤ　昂	iang 丨ㄤ　央	uang ㄨㄤ　汪	
eng ㄥ　亨的韵母	ing 丨ㄥ　英	ueng ㄨㄥ　翁	
ong （ㄨㄥ）　轰的韵母	iong ㄩㄥ　雍		

（1）“知、蚩、诗、日、资、雌、思”等七个音节的韵母用 i，即：知、蚩、诗、日、资、雌、思等字拼作 zhi，chi，shi，ri，zi，ci，si。

（2）韵母儿写成 er，用作韵尾的时候写成 r。例如：“儿童”拼作 ertong，“花儿”拼作 huar。

---

① 《汉语拼音方案》原文中，此处写作“zh ch sh”，后文有“zhi，chi，shi”“a，o，e”等，拼音之间的标点符号用法与本书略有不同。本节所引《汉语拼音方案》均保留原文标点。

（3）韵母ㄝ单用的时候写成ê。

（4）i 行的韵母，前面没有声母的时候，写成 yi（衣），ya（呀），ye（耶），yao（腰），you（忧），yan（烟），yin（因），yang（央），ying（英），yong（雍）。

u 行的韵母，前面没有声母的时候，写成 wu（乌），wa（蛙），wo（窝），wai（歪），wei（威），wan（弯），wen（温），wang（汪），weng（翁）。

ü 行的韵母，前面没有声母的时候，写成 yu（迂），yue（约），yuan（冤），yun（晕）；ü 上两点省略。

ü 行的韵母跟声母 j，q，x 拼的时候，写成 ju（居），qu（区），xu（虚），ü 上两点也省略；但是跟声母 n，l 拼的时候，仍然写成 nü（女），lü（吕）。

（5）iou，uei，uen 前面加声母的时候，写成 iu，ui，un。例如：niu（牛），gui（归），lun（论）。

（6）在给汉字注音的时候，为了使拼式简短，ng 可以省作 ŋ。

四、声调符号

阴平	阳平	上声	去声
ˉ	ˊ	ˇ	ˋ

声调符号标在音节的主要母音[①]上。轻声不标。[②]例如：

妈 mā	麻 má	马 mǎ	骂 mà	吗 ma
（阴平）	（阳平）	（上声）	（去声）	（轻声）

五、隔音符号

a，o，e 开头的音节连接在其他音节后面的时候，如果音节的界限发生混淆，用隔音符号（’）隔开，例如：pi’ao（皮袄）。

[附] 国际音标

上面介绍的《汉语拼音方案》是普通话的记音符号。然而，世界上不同的语言

① 主要母音，即主要元音（韵腹）。

② 声调符号的标注位置，详见本书第五章第一节。

有不同的记音符号系统。而且，即便是同一种语言的记音符号系统，为了减少记音符号数量，也往往用一个字母记不同的音。比如，汉语中的“bān（班）”和“bāng（帮）”，音节里都含有字母 ɑ，但仔细体会就会发现二者的实际发音并不一样。又比如，英语单词“like”和“little”都有 i 这个字母，可是实际发音却截然不同。另外，在不同的语言中，同一个音也有不同的拼法。英语的 sh，法语的 ch，德语的 sch，波兰语的 sz，捷克语的 š，实际上发的是同一个 [ʃ] 的音。

那么，有没有一种符号可以用来记录实际的发音呢？国际音标，又称国际语音字母（International Phonetic Alphabet，简称 IPA），就是这样一套用来记录各种语言语音的记音符号。它以国际上通行的拉丁字母为符号基础，最早由国际语音学会 1888 年制定，后经多次修订补充，一直沿用至今。

跟某种具体语言的记音符号相比，国际音标以“一音一符”为记音原则，即一个音素对应一个符号，一个符号对应一个音素，因此它可以比较科学、精准地记录和区分世界上各种语言或方言的语音。比如上面“bān（班）”和“bāng（帮）”中的 ɑ 在国际音标中分别标为 [a] 和 [ɑ] 这两个不同的音。“一音一符”的记音原则使得国际音标的数量远远超过任何一种语言的记音字母。

掌握国际音标对于语言教学和语言研究都很有帮助，语言文字工作者尤其是语言教师，应该努力掌握国际音标。为了比较方便地说明汉语拼音中某些音的差异，便于大家认读，我们有时在汉语拼音后面注上国际音标。在使用国际音标记音时，音标通常写在方括号“[ ]”里边，以区别于其他记音符号。

表 1-1（见下页）就是“国际音标简表”，此表只列语音教学中通行的辅音简表和元音简表。

需要注意的是，《汉语拼音方案》和国际音标在记录普通话的音素时，许多符号差别很大。以辅音为例，两种记音方法所用符号完全相同的只有 m[m]、n[n]、l[l]、f[f]、s[s]。《汉语拼音方案》送气音和不送气音用不同的字母，而国际音标采取在基础符号上再添加符号（即右上角标一个表送气的 ʰ）的办法来区别，如 b[p]—p[pʰ]、d[t]—t[tʰ]、g[k]—k[kʰ]、j[tɕ]—q[tɕʰ]、zh[tʂ]—ch[tʂʰ]、z[ʦ]—c[ʦʰ]。① 其他不同的辅音符号还有 h[x]、x[ɕ]、sh[ʂ]、r[ʐ]。《汉语拼音方案》中的 ng 实际代表一个音素，国际音标记作 [ŋ]。元音符号的一些区别等我们介绍韵母的时候再做说明。

---

① 以前还可以在右上角标一个 ʻ 表送气，如：b[p]—p[pʻ]、zh[tʂ]—ch[tʂʻ]。现在已经放弃了这种标音方式。

表 1-1　国际音标简表

a. 辅音表

发音方法＼发音部位			双唇	唇齿	齿间	舌尖前	舌尖中	舌尖后	舌叶	舌面前	舌面中	舌面后	小舌	喉
塞音	清	不送气	p				t				c	k		ʔ
		送气	p^h				t^h				c^h	k^h		
	浊		b				d					ɡ		
塞擦音	清	不送气		pf		ts		tʂ	tʃ	tɕ				
		送气		pf^h		ts^h		$tʂ^h$	$tʃ^h$	$tɕ^h$				
	浊			bv		dz		dʐ	dʒ	dʑ				
鼻音	浊		m	ɱ			n	ɳ		ȵ		ŋ		
颤音	浊						r						R	
闪音	浊						ɾ	ɽ						
边音	浊						l							
擦音	清			f	θ	s		ʂ	ʃ	ɕ	ç	x		h
	浊			v	ð	z		ʐ	ʒ	ʑ	j	ɣ		ɦ
半元音	浊		w ɥ	ʋ							j(ɥ)	(w)		

b. 元音表

舌位高低＼唇形＼舌位前后	前		央	后	
	不圆	圆		不圆	圆
高	i	y		ɯ	u
半高	e	ø		ɤ	o
中			ə		
半低	ɛ	œ		ʌ	ɔ
低	a	ɶ	A	ɑ	ɒ

另外，中国台湾地区使用的注音方案是“注音字母”，它采用简单的汉字笔画式符号。下面将《汉语拼音方案》、注音字母和国际音标这三种记音符号列表（见表1-2）对照。

表 1-2　三种记音符号对照表

拼音字母	注音字母	国际音标	拼音字母	注音字母	国际音标	拼音字母	注音字母	国际音标
b	ㄅ	[p]	z	ㄗ	[ts]	ia	ㄧㄚ	[iᴀ]
p	ㄆ	[p^h]	c	ㄘ	[ts^h]	ie	ㄧㄝ	[iɛ]
m	ㄇ	[m]	s	ㄙ	[s]	iao	ㄧㄠ	[iɑu]
f	ㄈ	[f]	a	ㄚ	[ᴀ]	iou	ㄧㄡ	[iəu]
v	ㄪ①	[v]	o	ㄛ	[o]	ian	ㄧㄢ	[iɛn]
d	ㄉ	[t]	e	ㄜ	[ɤ]	in	ㄧㄣ	[in]
t	ㄊ	[t^h]	ê	ㄝ	[ɛ]	iang	ㄧㄤ	[iɑŋ]
n	ㄋ	[n]	i	ㄧ	[i]	ing	ㄧㄥ	[iŋ]
l	ㄌ	[l]	-i（前）	ㄭ②	[ɿ]	ua	ㄨㄚ	[uᴀ]
g	ㄍ	[k]	-i（后）	ㄭ	[ʅ]	uo	ㄨㄛ	[uo]
k	ㄎ	[k^h]	u	ㄨ	[u]	uai	ㄨㄞ	[uai]
ng	ㄫ	[ŋ]	ü	ㄩ	[y]	uei	ㄨㄟ	[uei]
h	ㄏ	[x]	er	ㄦ	[ɚ]	uan	ㄨㄢ	[uan]
j	ㄐ	[tɕ]	ai	ㄞ	[ai]	uen	ㄨㄣ	[uən]
q	ㄑ	[tɕ^h]	ei	ㄟ	[ei]	uang	ㄨㄤ	[uɑŋ]
/	ㄬ	[ȵ]	ao	ㄠ	[ɑu]	ueng	ㄨㄥ	[uəŋ]
x	ㄒ	[ɕ]	ou	ㄡ	[əu]	ong	ㄨㄥ	[uŋ]
zh	ㄓ	[tʂ]	an	ㄢ	[an]	üe	ㄩㄝ	[yɛ]
ch	ㄔ	[tʂ^h]	en	ㄣ	[ən]	üan	ㄩㄢ	[yɛn]
sh	ㄕ	[ʂ]	ang	ㄤ	[ɑŋ]	ün	ㄩㄣ	[yn]
r	ㄖ	[ʐ]	eng	ㄥ	[əŋ]	iong	ㄩㄥ	[yŋ]

思考与练习一

一、填空。

1. 语音具有________、________和________这三个属性，其中________是它的

① “ㄪ、ㄫ、ㄬ”只用于拼写方言。

② 用注音字母标音时，舌尖元音一般不拼写出来，如“资”拼为ㄗ，“知”拼为ㄓ。在需要单独说明舌尖元音的情况下，用“ㄭ”表示舌尖元音。

本质属性。

2. 北京人说的“shīshēng（师生）”与重庆人说的“sīsēn”意思相同，这是由语音的________属性决定的。

3. 作为一种物理现象，语音具有________、________、________和________四个物理属性。汉语的声调是由________决定的。

4.“震耳欲聋”反映了声音的________很大；“尖锐刺耳”反映了声音的________很高；我们能够分辨出各种不同乐器的声音，是因为它们的________不同。

5. 唱歌时有人说“那么高的音我唱不上去”或者“那么低的音我唱不出来”，这里的“高、低”是指________；而“引吭高歌、低声细语”里的“高、低”是指________。

6.“闻其声而知其人”，这是根据这个人的________来判断的。

7. 从语音的物理属性看，“bàoxiāo（报销）”和“bàoxiào（报效）”的发音差别是由________决定的；“舌头”和“蛇头”中两个“头”的发音差别是由________决定的；英语“slip[slɪp]”和“sleep[sliːp]”的发音差别主要是由________决定的。

8. 人的发音器官是由________、________和________构成的。

9. 根据音素内部的性质差异，可以将音素分成________和________两大类。

10. 按照传统的汉语语音学的分析方法，汉语的音节可以分为________、________和________三个部分。

11.“chuāng”这个音节包含了________个音素，其中元音________个，辅音________个。

12. 音节“bā”中的a，从音素性质看是________，从它在音节中所处的位置上看是________。

13.《汉语拼音方案》的基本内容包括________、________、________、________和________五个部分。

二、根据《汉语拼音方案》，写出下列词语的拼音，注意拼写规则。

轮回	冰球	骄傲	欣赏	翻译
卧铺	晚宴	空额	扫帚	选择
作案	营养	平安	酝酿	亲戚
凤凰	跳跃	夜晚	天堂	回流

救火　屋顶　润滑　胃癌　决斗
完美　谦虚　门口　努力　包围

三、分别用汉语拼音和国际音标给下列词语注音，比较二者的差别。

烟瘾（　　）[　　]　月夜（　　）[　　]
好戏（　　）[　　]　雨水（　　）[　　]
沉静（　　）[　　]　钢铁（　　）[　　]
耳朵（　　）[　　]　蚕丝（　　）[　　]
熊猫（　　）[　　]　保证（　　）[　　]
停留（　　）[　　]　商人（　　）[　　]
面前（　　）[　　]　圆圈（　　）[　　]
发展（　　）[　　]　吞并（　　）[　　]

四、用汉语拼音给下面的句子注音，同时指出每句所包含的音节个数。

1. 文化局领导安排有关研究人员去西安做历史专题调查。
2. 这朵花儿开得真漂亮！
3. 天安门广场张灯结彩，处处鲜花盛开。
4. 那河畔的金柳，是夕阳中的新娘；波光里的艳影，在我的心头荡漾。
5. 海在我们脚下沉吟着，诗人一般。那声音仿佛是朦胧的月光和玫瑰的晨雾那样温柔，又像是情人的蜜语那样芳醇。

五、简答。

1. 语音和一般的声音有什么区别？人发出的声音都是语音吗？为什么？
2. 请联系你所熟悉的语言，谈一谈音高、音强、音长、音色这四种物理属性在语言中的表现和作用。
3. 同样是表达“人”这个概念，英语用 man，汉语普通话用 rén，而汉语有的方言用 yín，语音形式都不同。这反映了语音哪一方面的性质？请具体谈一谈。
4. 什么是元音？什么是辅音？元音和辅音有什么区别？
5. 声母等于辅音吗？为什么？
6. 韵母等于元音吗？为什么？
7. 国际音标与汉语拼音有哪些不同？《汉语拼音方案》的应用领域有哪些？

第二章 声 母

从本章开始，我们将依次介绍现代汉语普通话语音系统的有关知识。任何一个系统，都是由一系列的组成成分（要素）以及成分与成分之间的关系构成的。现代汉语普通话语音系统同样如此，它是由各种语音成分和语音成分之间的配合关系构成的。普通话的语音成分主要包括声母、韵母和声调三个部分，它们之间按照一定的规律配合在一起就形成了音节。要说明语音，从其组成成分入手比较方便。下面就来介绍作为组成成分之一的声母。

第一节 声母的发音

我们在介绍语音的基本单位时曾经提到，声母是从汉语音节结构的角度划分出来的语音单位，它指的是音节开头的辅音。跟元音相比，辅音有两个特点：一是气流受到发音器官的阻碍；二是通过解除阻碍而发音。就第一个特点来说，在什么地方受阻各有不同，也就是发音部位会有不同；就第二个特点而言，如何受到阻碍和如何解除阻碍又有差别，也就是发音方法会有差异。辅音之间的差别正是由发音部位和发音方法的不同造成的。普通话中，除了零声母（即音节开头没有声母，韵母独立成为一个音节）这种特殊情况外，所有的声母都是辅音。因此，我们可以从发音部位和发音方法这两个角度来对声母进行描写和分类。

一、声母的发音部位

发音部位是指发音时气流受到阻碍的位置。在发辅音时，通过口腔的气流会受到口腔里两个相互配合的发音器官的阻碍。按照受阻位置的不同，普通话的声母可以分为以下七类。下面按照发音器官从外到内的顺序来进行说明：

1. 双唇音：b、p、m。发音时，上唇和下唇接触，形成阻碍。

2. 唇齿音：f。发音时，上齿接近下唇，形成阻碍。

3. 舌尖前音：z、c、s。发音时，舌尖轻轻抵住或接触上齿背，形成阻碍。

4. 舌尖中音：d、t、n、l。发音时，舌尖抵住上齿龈，形成阻碍。

5. 舌尖后音：zh、ch、sh、r。发音时，舌尖抵住或接近硬腭前部，形成阻碍。

6. 舌面音：j、q、x。发音时，舌面前部向上抬起，抵住或接近硬腭前部，形成阻碍。舌面音也叫舌面前音。

7. 舌根音：g、k、h。发音时，舌面后部隆起，抵住或接近软腭，形成阻碍。舌根音也叫舌面后音。

在上面各类命名中，双唇音和唇齿音是用相互配合形成阻碍的两个发音器官来命名的；舌尖前音、舌尖中音和舌尖后音是用发音器官的相对位置来命名的，这里并不是把舌尖分成前、中、后三段，而是指同舌尖相对形成阻碍的部分分为前、中、后，即上齿背、上齿龈和硬腭前部；舌面音和舌根音虽然只用一个发音器官来命名，但共同构成阻碍的另一个发音器官也是相对应而存在的。掌握命名规则有助于记忆和练习发音。《汉语拼音方案》的声母表主要是按发音部位排列的，同部位的声母跟韵母的配合规律大致相同。

二、声母的发音方法

发音方法是指发音时阻碍气流或解除阻碍的方法。依据气流的控制方式和状况，发音方法可以从阻碍的方式（即形成阻碍和解除阻碍的不同方式）、声带是否振动、气流的强弱这三个方面来考察。

（一）根据阻碍的方式所分的类

根据气流形成阻碍和解除阻碍方式的不同，可以把普通话声母分成以下五类：

1. 塞音：b、p、d、t、g、k。发音时，口腔中的两个发音部位接触后形成闭塞，软腭上升，堵住鼻腔通路，然后气流冲破阻碍，迸裂而出，爆发成声。

2. 擦音：f、h、s、sh、r、x。发音时，口腔中的两个发音部位靠近，留下窄缝，软腭上升，堵住鼻腔通路，然后气流从窄缝中挤压出来，摩擦成声。

3. 塞擦音：z、c、zh、ch、j、q。发音时，口腔中的两个发音部位先形成闭塞，软腭上升，堵住鼻腔通路。气流到达阻碍部位时，将阻碍部位冲开一道缝隙并从缝隙中挤出，摩擦成声。因此，塞擦音是由塞音和擦音这两种发音方法快速结合而发出来的音，先塞后擦。注意，塞和擦的动作要紧密结合，融合成一个完整的发音过程，发出来的音构成一个语音单位，而不是由两个辅音构成的复辅音。

4. 鼻音：m、n。发音时，口腔中的发音器官闭塞，软腭下垂，小舌下降，打开鼻腔通道，气流振动声带，从鼻腔中通过而发声。

5. 边音：l。发音时，软腭和小舌上升，堵住鼻腔通道，舌尖抵住上齿龈或硬腭前部，舌头的两边留有空隙，气流振动声带，从舌头两边通过而发声。

（二）根据声带是否振动所分的类

从声带是否振动来看，普通话的声母可以分为浊音和清音两类：

1. 浊音：m、n、l、r。发音时声带振动。

2. 清音：除上面 4 个浊音外，其他的声母都是清音。发音时声带不振动。

在现代汉语普通话声母系统中，清音占绝大多数，浊音只有 4 个，清音和浊音之间并没有较为系统的对应关系。在不同的语言中，清浊音系统是有差别的。英语的清音和浊音对立是比较整齐的。比如，“put[pʊt]”中的 [p] 和“but[bʌt]”中的 [b]、“leaf[liːf]”中的 [f] 和“leave[liːv]”中的 [v]、“thing[θɪŋ]”中的 [θ] 和“this[ðɪs]”中的 [ð] 等，都是清浊整齐对立的一组音。

（三）根据气流的强弱所分的类

从气流的强弱来看，普通话的声母可以分为送气和不送气两类：

1. 送气音：p、t、k、c、ch、q。发音时，解除阻碍发出来的气流比较强。

2. 不送气音：b、d、g、z、zh、j。发音时，解除阻碍发出来的气流比较弱。

在普通话语音中，送气和不送气是一对很显著的对立特征。比如，b 和 p 的发音部位相同（都是双唇音），都是爆破成声的塞音，且都为不振动声带的清音，但 b 是不送气的，p 是送气的，二者的不同能区别意义，如“bǔ（补）— pǔ（普）”。在有的语言中，送气和不送气并不像汉语这样具有区别意义的作用。英语“sport（运动）”中不送气的 p 发成送气，并不会产生不同的意义。若发成送气音，听者只是觉得不太标准而已。一般来说，母语为英语的学习者对送气和不送气的感知不太敏锐，需要有意识地进行训练。

需要注意的是，“不送气”这个术语并不表示发音时没有气流，而是指相对于送气音而言，这些音的气流比较弱。如果真的没有气流，那就发不出声音了。另外，上面这些送气音和不送气音的区别只是在塞音、塞擦音中存在，但这并不意味着其他的音都是不送气音。恰恰相反，有的音气流往往比较强，如擦音都是送气的。只是由于这些音没有不送气音做对比，因此也就没有必要特别指出送气与否了。在描写语音的发音方法时，如果通过对比发现具有区别意义的作用，那么就要把这样的发音特点描写出来。这是我们在教学过程中需要注意的。我们在学习和讲授语言知识时，既要注意术语对理解相关概念的提示作用，又要注意术语字面上没有做出提示的地方，以免引起误解。

第二节 普通话声母的具体发音和声母总表

一、普通话声母的具体发音

通过上面的介绍，我们发现不同的声母在发音部位和发音方法上具有不同的属性，因此可以将这两方面结合起来描写普通话的声母。在描写时，先发音部位后发音方法，发音方法中先送气与否，再声带振动与否（即清浊），最后是阻碍方式。以下按发音部位从外到内的顺序依次描写普通话中 21 个辅音声母的具体发音特征。（[ ] 内为相应的国际音标，某些音右上角有 ^{h} 表示送气）

b[p]：**双唇、不送气、清、塞音**

发音时，双唇紧闭，形成阻碍；软腭上升，堵住鼻腔通路；气流冲破阻碍，迸裂而出，爆发成声。例如：

白板（báibǎn） 斑驳（bānbó） 报表（bàobiǎo） 卑鄙（bēibǐ）
奔波（bēnbō） 标兵（biāobīng） 辨别（biànbié） 冰雹（bīngbáo）

p[p^h]：**双唇、送气、清、塞音**

发音时，形成阻碍和持续阻碍阶段均与 b[p] 相同。不同的是，在解除阻碍时发出来的气流比较强。例如：

爬坡（pápō） 澎湃（péngpài） 匹配（pǐpèi） 批评（pīpíng）
偏僻（piānpì） 拼盘（pīnpán） 评判（píngpàn） 铺平（pūpíng）

m[m]：**双唇、浊、鼻音**

发音时，双唇紧闭，形成阻碍；软腭下垂，小舌下降，打开鼻腔通道；气流振动声带，从鼻腔中通过而发声。例如：

麻木（mámù） 埋没（máimò） 盲目（mángmù） 美妙（měimiào）
面貌（miànmào） 命脉（mìngmài） 磨灭（mómiè） 木棉（mùmián）

f[f]：唇齿、清、擦音

发音时，上齿轻轻接触下唇，留下窄缝，形成阻碍；软腭上升，堵住鼻腔通路；气流从齿缝挤出，摩擦成声。例如：

发奋（fāfèn） 反复（fǎnfù） 方法（fāngfǎ） 非凡（fēifán）
芬芳（fēnfāng） 丰富（fēngfù） 佛法（fófǎ） 夫妇（fūfù）

z[ʦ]：舌尖前、不送气、清、塞擦音

发音时，舌尖轻轻抵住上齿背，形成阻碍；软腭上升，堵住鼻腔通路；气流到达阻碍部位时，将阻碍部位冲开一道缝隙并从缝隙中挤出，摩擦成声。例如：

在座（zàizuò） 藏族（Zàngzú） 造作（zàozuò） 自尊（zìzūn）
罪责（zuìzé） 宗族（zōngzú） 祖宗（zǔzong） 做作（zuòzuo）

c[ʦʰ]：舌尖前、送气、清、塞擦音

发音时，形成阻碍和持续阻碍阶段均与 z[ʦ] 相同。不同的是，在解除阻碍时发出来的气流比较强。例如：

猜测（cāicè） 苍翠（cāngcuì） 草丛（cǎocóng） 层次（céngcì）
从此（cóngcǐ） 粗糙（cūcāo） 催促（cuīcù） 措辞（cuòcí）

s[s]：舌尖前、清、擦音

发音时，舌尖轻轻接触上齿背，留下窄缝，形成阻碍；软腭上升，堵住鼻腔通路；气流从窄缝中挤压出来，摩擦成声。例如：

色素（sèsù） 三嫂（sānsǎo） 思索（sīsuǒ） 撕碎（sīsuì）
诉讼（sùsòng） 速算（sùsuàn） 琐碎（suǒsuì） 松散（sōngsǎn）

d[t]：舌尖中、不送气、清、塞音

发音时，舌尖抵住上齿龈，形成阻碍；软腭上升，堵住鼻腔通路；气流冲破阻碍，迸裂而出，爆发成声。例如：

大胆（dàdǎn） 带动（dàidòng） 单调（dāndiào） 到达（dàodá）
得当（dédàng） 等待（děngdài） 抵挡（dǐdǎng） 奠定（diàndìng）

t[tʰ]：舌尖中、送气、清、塞音

发音时，形成阻碍和持续阻碍阶段均与 d[t] 相同。不同的是，在解除阻碍时发出来的气流比较强。例如：

抬头（táitóu） 探讨（tàntǎo） 唐突（tángtū） 淘汰（táotài）
体贴（tǐtiē） 天堂（tiāntáng） 铁塔（tiětǎ） 团体（tuántǐ）

n[n]：舌尖中、浊、鼻音

发音时，舌尖抵住上齿龈，形成阻碍；软腭下垂，小舌下降，打开鼻腔通道；气流振动声带，从鼻腔中通过而发声。例如：

奶牛（nǎiniú）　难耐（nánnài）　恼怒（nǎonù）　能耐（néngnai）
泥泞（nínìng）　袅娜（niǎonuó）　扭捏（niǔniē）　农奴（nóngnú）

l[l]：舌尖中、浊、边音

发音时，舌尖抵住上齿龈，形成阻碍；软腭和小舌上升，堵住鼻腔通道，舌头的两边留有空隙；气流振动声带，从舌头两边通过而发声。例如：

拉拢（lālǒng）　来历（láilì）　老练（lǎoliàn）　冷落（lěngluò）
理论（lǐlùn）　联络（liánluò）　嘹亮（liáoliàng）　轮流（lúnliú）

zh[tʂ]：舌尖后、不送气、清、塞擦音

发音时，舌尖抵住硬腭前部，形成阻碍；软腭上升，堵住鼻腔通路；气流到达阻碍部位时，将阻碍部位冲开一道缝隙并从缝隙中挤出，摩擦成声。例如：

扎针（zhāzhēn）　辗转（zhǎnzhuǎn）战争（zhànzhēng）长者（zhǎngzhě）
招展（zhāozhǎn）政治（zhèngzhì）　主张（zhǔzhāng）　茁壮（zhuózhuàng）

ch[tʂʰ]：舌尖后、送气、清、塞擦音

发音时，形成阻碍阶段和持续阻碍阶段均与 zh[tʂ] 相同，不同的是在解除阻碍时发出来的气流比较强。例如：

叉车（chāchē）　拆除（chāichú）　产出（chǎnchū）　长城（Chángchéng）
超常（chāocháng）驰骋（chíchěng）　充斥（chōngchì）　愁楚（chóuchǔ）

sh[ʂ]：舌尖后、清、擦音

发音时，舌尖接近硬腭前部，留下窄缝，形成阻碍；软腭上升，堵住鼻腔通路；气流从窄缝中挤压出来，摩擦成声。例如：

山水（shānshuǐ）闪失（shǎnshī）　上身（shàngshēn）烧伤（shāoshāng）
绅士（shēnshì）　神圣（shénshèng）述说（shùshuō）　事实（shìshí）

r[ʐ]：舌尖后、浊、擦音

发音部位和发音方法与 sh[ʂ] 相同，唯一不同的是气流要振动声带。例如：

扰攘（rǎorǎng）　忍让（rěnràng）　仍然（réngrán）　荣辱（róngrǔ）
容忍（róngrěn）　柔韧（róurèn）　如若（rúruò）　软弱（ruǎnruò）

j[tɕ]：舌面、不送气、清、塞擦音

发音时，舌面前部向上抬起，接近硬腭前部，形成阻碍；软腭上升，堵住鼻腔通路；气流到达阻碍部位时，将阻碍部位冲开一道缝隙并从缝隙中挤出，摩擦成声。例如：

积极（jījí）　嘉奖（jiājiǎng）　解决（jiějué）　咀嚼（jǔjué）
禁忌（jìnjì）　经济（jīngjì）　将就（jiāngjiu）　军舰（jūnjiàn）

q[tɕʰ]：**舌面、送气、清、塞擦音**

发音时，形成阻碍和持续阻碍阶段均与 j[tɕ] 相同。不同的是，在解除阻碍时发出来的气流比较强。例如：

祈求（qíqiú）　千秋（qiānqiū）　强权（qiángquán）　亲切（qīnqiè）
求情（qiúqíng）　全球（quánqiú）　欠缺（qiànquē）　确切（quèqiè）

x[ɕ]：**舌面、清、擦音**

发音时，舌面前部向上抬起，接近硬腭前部，留下窄缝，形成阻碍；软腭上升，堵住鼻腔通路；气流从窄缝中挤压出来，摩擦成声。例如：

细心（xìxīn）　险些（xiǎnxiē）　消息（xiāoxi）　详细（xiángxì）
形象（xíngxiàng）　虚心（xūxīn）　学习（xuéxí）　雄心（xióngxīn）

g[k]：**舌根、不送气、清、塞音**

发音时，舌面后部隆起，抵住或接近软腭，形成阻碍；软腭上升，堵住鼻腔通路；气流冲破阻碍，迸裂而出，爆发成声。例如：

改革（gǎigé）　干果（gānguǒ）　杠杆（gànggǎn）　更改（gēnggǎi）
巩固（gǒnggù）　骨干（gǔgàn）　灌溉（guàngài）　规格（guīgé）

k[kʰ]：**舌根、送气、清、塞音**

发音时，形成阻碍和持续阻碍阶段均与 g[k] 相同。不同的是，在解除阻碍时发出来的气流比较强。例如：

开垦（kāikěn）　坎坷（kǎnkě）　慷慨（kāngkǎi）　刻苦（kèkǔ）
苦口（kǔkǒu）　宽阔（kuānkuò）　旷课（kuàngkè）　困苦（kùnkǔ）

h[x]：**舌根、清、擦音**

发音时，舌面后部隆起，接近软腭，留下窄缝，形成阻碍；软腭上升，堵住鼻腔通路；气流从窄缝中挤压出来，摩擦成声。例如：

含混（hánhùn）　航海（hánghǎi）　浩瀚（hàohàn）　红火（hónghuǒ）
缓和（huǎnhé）　呼喊（hūhǎn）　黄昏（huánghūn）　辉煌（huīhuáng）

从表面上看，普通话的声母似乎数量繁多，不太好掌握。实际上，声母是有较强的规律性的。如 b—p、d—t、g—k 这三组声母，两两相对的声母在发音部位上完全一致，在发音方法上的区别仅在于是否送气。而 b、d、g 在发音方法上还具有一致性，都是气流冲破阻碍、迸裂成声的清塞音。可以将它们排成下面这样的整齐的聚合方阵：

b d g
p t k

同样的道理，塞擦音和擦音也可以形成整齐的聚合方阵：

z zh j
c ch q
s sh x

从纵向上看，这些声母的发音部位一致；从横向上看，它们的发音方法相同。也就是说，这些声母都是通过某个共同特征与其他声母相联系，又都是通过某个区别特征与其他声母相区别。这种整齐的方阵，便于学生学习。一个音发准了，同一个聚合群里的音因为有了发音部位和发音方法上的依据，发起来就容易多了。比如，b、d、g 发准了，如果加上送气这一区别特征，就能比较容易地发出 p、t、k 来。同样的道理，z、zh、j 发准了，c、ch、q 也就容易发了。因此，将普通话的声母作为一个方阵来教比单独教要有效得多。

当然，除了上面这些整齐对应的声母外，其他的一些声母需要单独处理，如 m、n、l、f、h、r 等。不过，这些声母在发音部位和发音方法上也都跟其他声母相互联系。如 r 和 sh 在发音部位上相同，在发音方法上的区别仅在于声带是否振动。只要发准了 sh，加上声带振动，就比较容易发出 r 来。因此，普通话的声母系统其实并不复杂，母语为非汉语的学习者如果能把握好声母的特点和规律，在理论上是不难习得声母的。

二、普通话声母总表

上面的各个声母可以总结成表 2-1“普通话声母总表”（见下页，[ ] 内为相应的国际音标）。有了这张声母总表，查找和描写各个声母就方便多了。

《汉语拼音方案》声母表的排列顺序在“普通话声母总表”的基础上进行了一定的分组归类，即：

b p m f
d t n l
g k h
j q x
zh ch sh r
z c s

表 2-1　普通话声母总表

发音方法 / 声母 / 发音部位	塞音		塞擦音		擦音		鼻音	边音
	清音		清音		清音	浊音	浊音	浊音
	不送气	送气	不送气	送气				
双唇音	b[p]	p[pʰ]					m[m]	
唇齿音					f[f]			
舌尖前音			z[ts]	c[tsʰ]	s[s]			
舌尖中音	d[t]	t[tʰ]					n[n]	l[l]
舌尖后音			zh[tʂ]	ch[tʂʰ]	sh[ʂ]	r[ʐ]		
舌面音			j[tɕ]	q[tɕʰ]	x[ɕ]			
舌根音	g[k]	k[kʰ]			h[x]			

显然,《汉语拼音方案》的声母表主要是根据塞音（b、p、d、t、g、k）和塞擦音（j、q、zh、ch、z、c）做了基本的分组，然后同组中带上了发音部位相同或相近的其他声母。这样的分组对声母教学很有帮助，母语为非汉语的学习者和汉语某些方言区的人学习普通话的困难主要就是后面的三组辅音——舌面音（j、q、x)、舌尖后音（zh、ch、sh、r）和舌尖前音（z、c、s)，而且主要跟塞擦音有关。

第三节　声母辨正与声母教学

每种语言都有特定的语音系统。每个特定的语音系统往往在语音多少、发音特点、区别特征和结构规则等方面与其他系统有所不同。对于母语为非汉语的学习者来说，汉语普通话中的某些声母是他们母语中没有的，他们母语中有的声母虽然与之相近但又有差异；有的语音特征在他们的母语中并不明显，但在汉语中十分重要，反之亦然。种种不同的情况，使得他们在练习声母时不容易发到位，有时会产生混淆，导致各种语音偏误。因此，我们需要弄清楚普通话声母中那些相对特殊的语音特征，了解学生习得声母的偏误情况，并通过仔细辨别，找到合适有效的方法教会学生正确地发音和辨音。

前面在介绍声母时已经说过，声母可以从发音部位和发音方法这两个方面来描写。发音部位不到位，发音方法不准确，都会带来声母发音的偏离。因此，下面主要从这两个方面来分析和辨正母语为非汉语的学习者容易出现的声母偏误。

一、由发音部位不当引起的声母偏误

从发音部位来看，容易出现偏误的地方集中在舌尖前音、舌尖后音、舌面音和唇齿音这几组音上。其他发音部位（如双唇音、舌尖中音、舌根音）出现的偏误较少，这主要是因为这些发音部位在不同语言中具有一定程度的普遍性。下面分别介绍几组容易产生偏误的声母。

（一）舌尖音 zh、ch、sh 和 z、c、s

汉语普通话的舌尖后音 zh[tʂ]、ch[tʂʰ]、sh[ʂ] 在其他语言的语音系统里相对少见，甚至在汉语的方言中也用得不多，如吴方言和粤方言等就只有舌尖前音 z[ʦ]、c[ʦʰ]、s[s]，所以这一组音是大多数人学习普通话语音的共同难点。

我们知道，发舌尖后音 zh、ch、sh 时舌尖抬起，舌面呈翘起的状态；发舌尖前音 z、c、s 时舌尖前伸，相对来说，舌面成平直的状态。因此，人们往往将 zh、ch、sh 通俗地称作“翘舌音”或“卷舌音”，将 z、c、s 称作“平舌音”。平翘之分很清楚地展现了两者之间的差别。母语为非汉语的学生在学习翘舌音 zh[tʂ]、ch[tʂʰ]、sh[ʂ] 时，常见的偏误是舌头抬得不到位，或者舌头卷得过度；也有的学生用平舌音 z[ʦ]、c[ʦʰ]、s[s] 来代替翘舌音 zh[tʂ]、ch[tʂʰ]、sh[ʂ]，如把“zhù（住）”发成“zù”，把“lǎoshī（老师）”发成“lǎosī”等。分辨这两组声母的关键在于找准发音部位。发 zh、ch、sh 时，舌尖上翘接触硬腭前部；发 z、c、s 时，舌尖平伸靠前接触上齿背。我们既可以用发音部位图来展示发这两组音时舌头的具体位置，也可以用双手直观地模拟出卷舌与平舌的区别。

母语为英语的学生，常常用音色相近的舌叶音 [dʒ]、[ʧ]、[ʃ] 来代替汉语的 zh[tʂ]、ch[tʂʰ]、sh[ʂ]。如有的学生把“上海”的“上 [ʂɑŋ]”发成 [ʃæŋ]，其中 sh[ʂ] 被发成了舌叶音 [ʃ]，同时双唇前伸，元音 [ɑ] 也偏前成了 [æ]，听起来很别扭。要区分舌叶音和舌尖后音，关键也在于找准发音部位。发舌叶音时，舌面中部向硬腭抬起，舌尖与舌面前部向上齿和上齿龈靠近，嘴唇向前突出。与舌尖后音 zh、ch、sh 相比，舌叶音的发音部位靠前，舌头与齿龈、硬腭前部的接触面较大。

其他语言背景的学习者，如果母语中有跟汉语舌尖音近似的音，往往也容易受到母语的干扰，将这些音直接挪过来代替汉语的发音。针对这样的情况，我们应该具体问题具体分析，先查找出该语言与汉语对应的近似音，然后仔细分辨其中的细微差别，进行有针对性的教学和纠音工作。另外，也要对比那些容易混淆的词语，在练习中帮助学生认识翘舌和平舌的对立。例如：

zh—z：摘花（zhāihuā）— 栽花（zāihuā） 芝士（zhīshì）— 姿势（zīshì）

智力（zhìlì）— 自立（zìlì） 中和（zhōnghé）— 综合（zōnghé）

战时（zhànshí）— 暂时（zànshí）

征收（zhēngshōu）— 增收（zēngshōu）

ch—c：推迟（tuīchí）— 推辞（tuīcí） 充斥（chōngchì）— 冲刺（chōngcì）

重来（chónglái）— 从来（cónglái） 叉车（chāchē）— 擦车（cāchē）

春蝉（chūnchán）— 春蚕（chūncán） 鱼翅（yúchì）— 鱼刺（yúcì）

sh—s：使命（shǐmìng）— 死命（sǐmìng） 杀手（shāshǒu）— 撒手（sāshǒu）

闪光（shǎnguāng）— 散光（sǎnguāng） 身临（shēnlín）— 森林（sēnlín）

束身（shùshēn）— 塑身（sùshēn） 实数（shíshù）— 食宿（shísù）

（二）舌面音 j、q、x

汉语普通话舌面音 j、q、x 的发音部位比较有特点，非汉语背景的人在学习这组音时不容易发到位。舌面音 j、q、x 的发音偏误主要有两种：一种是发音部位前移，发成舌叶音 [ʧ、ʧʰ、ʃ]。实际上，发 j、q、x 时，是舌面前部抵住硬腭，而不是舌叶跟上齿龈接触，而且嘴唇不要突出或拢圆。还有一种倾向性偏误是发成舌尖前音 z、c、s 或舌尖后音 zh、ch、sh。如有的韩国学生把“jīyuán（机缘）”发成“zīyuán（资源）”或“zhīyuán（支援）”，“qípán（棋盘）”发成“cípán（磁盘）”，“xǐshǒu（洗手）”发成“sǐshǒu（死守）”等。在练习时要注意对比那些容易混淆的词语。例如：

j—z—zh：祭器（jìqì）— 自弃（zìqì）— 志气（zhìqì）

继续（jìxù）— 自序（zìxù）— 秩序（zhìxù）

q—c—ch：旗舰（qíjiàn）— 瓷件（cíjiàn）— 持剑（chíjiàn）

契机（qìjī）— 刺激（cìjī）— 吃鸡（chījī）

x—s—sh：细面（xìmiàn）— 四面（sìmiàn）— 世面（shìmiàn）

西郊（xījiāo）— 私交（sījiāo）— 失焦（shījiāo）

（三）唇齿音 f 和舌根音 h

汉语普通话中的唇齿音 f 和舌根音 h 区别不小，但有些国家的学生却容易出现偏误，尤其是韩国学生和日本学生。经常出现的偏误有这么几种：一是把 f 发成双唇音 b 或 p。这种情况在初学汉语的韩国学生当中比较常见。韩语里没有 f 这个音，只有双唇音 b 和 p。当他们发 f 时，就容易用发音部位相近的 b 或 p 来代替。例如他们常把“fāng（方）”读成“bāng”，把“fángfàn（防范）”读成“pángpàn”。二是把 f

和h发成双唇擦音[Φ]（俗称“吹火音”），尤其是日本学生，容易把“fāngfǎ(方法）”发成“ΦāngΦǎ”[Φaŋ ΦA]，“húli（狐狸）”读成“Φúli”。三是把舌根音 h[x] 发成喉擦音 [h]，如日本学生常把汉语的“hē[xɤ]（喝）”读成 [hɤ]。喉擦音 [h] 不仅在日语中存在，在英语、德语等不少语言中也有。学习者常常混淆汉语声母 h 与喉擦音的国际音标 [h]，用喉擦音 [h] 来代替汉语舌根音 h，发音部位大大地向后移动了。

要克服上述发音偏误，就要注意找准f和h的发音部位。如在发f时，要放松上唇，同时下唇向里收，并且一定要碰到上齿，但不必咬紧，这样才不会发成 [Φ]；在发 h 时，舌根要紧张点、抬高些，这样才不会发成喉擦音 [h]；等等。像唇齿音与双唇音、舌根音和喉擦音之间的混淆，通过展示发音器官的确切位置来纠音应该是不太难的。关键问题是学习者在碰到汉字时，难以确定具体汉字的读音。因此，分辨这两个声母除了辨别清楚发音部位以外，还应该记住以 f 和 h 为声母的常用字，弄清哪些字的声母是 f，哪些字的声母是 h。在练习时还要注意对比那些容易混淆的词语。例如：

f—h：妇联（fùlián）— 互联（hùlián）　飞鱼（fēiyú）— 黑鱼（hēiyú）
西服（xīfú）— 西湖（Xī Hú）　发红（fāhóng）— 花红（huāhóng）
防风（fángfēng）— 黄蜂（huángfēng）
废话（fèihuà）— 会话（huìhuà）
分房（fēnfáng）— 婚房（hūnfáng）
翻腾（fānténg）— 欢腾（huānténg）
流犯（liúfàn）— 流汗（liúhàn）
老房（lǎofáng）— 老黄（Lǎo Huáng）

二、由发音方法不当引起的声母偏误

从发音方法来看，容易出现的声母偏误主要集中在送气音和不送气音、清音与浊音、浊擦音与边音等方面。这些在汉语普通话中都是非常重要的区别特征，而在其他语言中可能区别不明显或者不具备区别意义的作用。因此，母语为非汉语的学习者在学习这些音时就容易产生偏误。下面分别介绍这几方面的偏误。

（一）送气音和不送气音

送气 / 不送气是汉语普通话语音的一个重要特征，具有区别意义的作用。普通话的送气音和不送气音之间的对应十分齐整，共有 6 组：

b[p]—p[p^h]　　d[t]—t[t^h]　　g[k]—k[k^h]

z[ts]—c[ts^h]　　zh[tʂ]—ch[$tʂ^h$]　　j[tɕ]—q[$tɕ^h$]

有些语言中没有送气和不送气的对立，所以学习者对汉语的这种差异在听感和发音上都不敏感。日本学生经常会混淆送气音和不送气音，在学习之初甚至不能区别"dùzi bǎo le（肚子饱了）"和"tùzi pǎo le（兔子跑了）"。这主要是因为送气 / 不送气在日语中不区别意义的缘故。此外像菲律宾语、印尼语和马来语等语言，也都没有送气音，因此需要注意训练学生发出正确的送气音。

要解决上述问题，关键是教会学生形成或提高控制气流的能力。比如，发送气音时注意用膈上升来保证呼出较强的气流，掌握好送气的力度；也可以在嘴边放一张薄纸，发送气音时纸会被吹动；等等。另外也要对比那些容易混淆的词语，在练习中帮助学生认识送气和不送气的对立。例如：

b—p：败兵（bàibīng）— 派兵（pàibīng）蝙蝠（biānfú）— 篇幅（piānfú）
活剥（huóbō）— 活泼（huópō）　鼻子（bízi）— 皮子（pízi）

d—t：淡化（dànhuà）— 碳化（tànhuà）毒药（dúyào）— 涂药（túyào）
到头（dàotóu）— 套头（tàotóu）　读书（dúshū）— 图书（túshū）

g—k：个人（gèrén）— 客人（kèrén）　怪事（guàishì）— 快事（kuàishì）
干道（gàndào）— 看到（kàndào）　译稿（yìgǎo）— 艺考（yìkǎo）

j—q：积压（jīyā）— 欺压（qīyā）　坚守（jiānshǒu）— 牵手（qiānshǒu）
匠人（jiàngrén）— 呛人（qiàngrén）精华（jīnghuá）— 清华（Qīnghuá）

zh—ch：摘除（zhāichú）— 拆除（chāichú）战抖（zhàndǒu）— 颤抖（chàndǒu）
质子（zhìzǐ）— 赤子（chìzǐ）　仗着（zhàngzhe）— 唱着（chàngzhe）

z—c：字数（zìshù）— 次数（cìshù）座位（zuòwèi）— 错位（cuòwèi）
在场（zàichǎng）— 菜场（càichǎng）　自序（zìxù）— 次序（cìxù）

（二）清音和浊音

汉语普通话中的声母大部分是清辅音，如塞音、擦音和塞擦音，都是清音；只有4个浊辅音声母：m、n、l、r。母语背景为英语、法语等印欧语的学习者容易出现的一种偏误，是将汉语的清辅音声母 b、d、g 发成像英语 [b]、[d]、[g] 那样的浊辅音，听上去比较"低沉"。这并不是因为学习者分不清清音和浊音。实际上，清音和浊音的对立在印欧语中十分显著，如[p]、[t]、[k]与[b]、[d]、[g]之间就是清浊对立关系，其地位跟汉语的送气和不送气对立的地位类似。因此，欧美学生对清、浊音的区分是很敏感的。之所以容易出现这样的偏误是因为他们将自己语言中清浊对立的区别特征带到汉语语音中来了。汉语普通话的 b、d、g 与 p、t、k 是送气与否的差别，而欧美学生却将此误认为是清浊之别，于是将汉语 b、d、g 发成浊音 [b]、[d]、[g]。此外，这种偏误也有可能是受到声母记音符号的影响。《汉语拼音方案》中的清音 b、d、g 并不是英语、法语等语言中书面文字及音标符号所表示的浊音 [b]、[d]、[g]。这是要特别注意的地方。

要正确地发出清音和浊音，首先要认识到清音和浊音的根本区别是声带是否振动。发清音时，声带放松，声门敞开，气流呼出时不振动声带；发浊音时声带变紧，气流呼出时振动声带。那如何知道声带是否振动呢？有一种简单的方法：用手轻轻地按住喉头外部，如果喉头内部颤动，发出的就是浊音；如果感觉不到颤动，那么就是清音。

（三）浊擦音 r 和边音 l

在普通话声母教学中，虽然 r 和 l 在发音部位和发音方法上都有着明显的区别，但母语为非汉语的学习者常常将它们混在一起。母语为韩语的学生容易将 r 发成 l，如把“热（rè）”读成“乐（lè）”，“然（rán）”读成“蓝（lán）”；或者都将它们错发成别的音，因此这里把它们作为一组进行介绍。

日语没有浊擦音 r[ʐ]，也没有边音 l[l]，不少日本学生容易将这两个音发成其母语语音中与它们发音部位相近的闪音 [ɾ]。比如，日本学生发的“Rìběn（日本）”，听起来像“lìběn”(实际 [l] 音为 [ɾ])。印尼学生则是将 r 发成舌尖颤音 [r]。要纠正这种偏误，可以提醒发音人舌尖或者小舌不要闪动或颤动，并要注意卷舌。

有的欧美学生会把汉语的 r 发成舌尖—齿龈音 [ɹ]，并且常伴随明显的圆唇动作。还有的发音部位太靠后，使 r 听起来又太“卷”了。中亚一些国家的学生在发 r 时具有很强的摩擦性。对于欧美学生，正音时需要提醒他们正确的发音部位，舌尖靠近的是硬腭前部，而且嘴唇要展平；而对于发音时摩擦过强的学生，则需要告诉他们放低舌位。我们必须根据不同母语背景学生的具体情况来进行有针对性的纠音工作。

思考与练习二

一、填空。

1. 汉语普通话有________个辅音、________个声母。可以充当声母和韵尾的辅音是________，不充当声母、只能做韵尾的辅音是________。
2. 普通话的声母可以从________和________这两个角度来描写和分类。

3. 普通话声母的发音方法可以从________、________和________这三个方面来分析。

4. 声母 g、k、h 的________是相同的，它们都属于________音。

5. 声母 f、s、sh、x 和 h 的________相同，它们都属于________音。

6. 清音和浊音是从________的角度划分出来的类别。

7. 普通话里的浊声母有________、________、________和________四个。

8. 普通话的声母 zh 由________个音素组成。

9. j 和 q 的差别在于________。

10. n 和 l 是两个不同的音，n 是________，l 是________。

二、写出下列声母的国际音标，并描写其具体发音特征。

1. l [ ] ________________________

2. p [ ] ________________________

3. d [ ] ________________________

4. f [ ] ________________________

5. z [ ] ________________________

6. ch [ ] ________________________

7. h [ ] ________________________

8. x [ ] ________________________

9. m [ ] ________________________

10. r [ ] ________________________

11. j [ ] ________________________

三、标出下列汉字的拼音，把汉字按声母的发音部位分类，填入表格中。

过 波 论 热 桌 共 膜 说 夸

纯 风 成 字 熊 组 亏 错 润

加 从 禾 只 确 好 洒 破 多

讲 寻 特 设 凝 拉 去 松 同

发音部位	例字
双唇音	
唇齿音	
舌尖前音	
舌尖中音	

舌尖后音	
舌面音	
舌根音	

四、标出下列汉字的拼音，把汉字按声母的发音方法分类，填入表格中。

自　素　柔　江　拨　若　愁　各　做

乱　动　红　木　身　泥　前　祖　黄

课　配　虐　住　良　册　学　入　车

年　劝　怀　商　归　习　套　熟　陆

发音方法			例字
塞音	清音	不送气	
		送气	
塞擦音	清音	不送气	
		送气	
擦音	清音		
	浊音		
鼻音	浊音		
边音	浊音		

五、选择。

1. 下列各字与“拖”的声母发音部位相同的是（　　）。

A. 普　　B. 住　　C. 胡　　D. 路

2. 下列各字与“北”的声母发音部位相同的是（　　）。

A. 大　　B. 法　　C. 妈　　D. 塔

3. 下列各字与“法”的声母发音方法不同的是（　　）。

A. 水　　B. 洗　　C. 谎　　D. 主

4. 下列各字与“早”的声母发音方法相同的是（　　）。

A. 扫　　B. 草　　C. 脑　　D. 脚

5. 从发音部位看，下面（　　）的声母和其他声母不是一个类别。

A. 照　　B. 套　　C. 道　　D. 闹

6. 从发音方法看，下面（　　）的声母和其他声母不是一个类别。

A. 奔　　B. 跟　　C. 精　　D. 灯

六、选词填空并朗读。

1. 这位________可不喜欢人家打扰他的________空间。（私人　诗人）
2. 服务员，我们想把________都________成饺子。（饭　换）
3. 这次________旅行由________组织。（工会　公费）
4. 他从________中重新振作起来，充满________地往前冲。（希望　失望）
5. 在________的灯光下，他的思绪也变得________起来。（昏暗　纷乱）
6. 他赶紧________开了，好________哪！（险　闪）
7. ________！锅里的菜________！（焦了　糟了）
8. ________盆________腾腾的水煮鱼太________了！（辣　那　热）

七、反复朗读下列词语，注意分清不送气音和送气音。

b—p：　摆谱　被迫　包赔　背叛　配备　喷薄　碰杯　皮鞭
d—t：　大厅　点题　打通　代替　台灯　泰斗　坦荡　停顿
g—k：　概括　干枯　港口　隔开　开关　看管　客观　空格
j—q：　极其　禁区　精确　卷曲　前进　清洁　取决　全局
zh—ch：摘除　涨潮　支持　专场　查找　产值　厂长　潮州
z—c：　自从　紫菜　做错　宗祠　刺字　村子　脆枣　错综

八、从发音部位和发音方法上分辨下列几组词语中的声母。

1. 奔放—喷放　辫子—骗子　一遍——一片　编目—篇目
　蝙蝠—篇幅　被俘—佩服　当面—汤面　代沟—太抠
　怪事—快事　米缸—米糠　机子—妻子　自己—刺激
2. 化肥—发挥　晃荡—放荡　舅父—救护　奋战—混战
　斧头—虎头　复员—互援　附注—互助　防虫—蝗虫
　仿佛—恍惚　飞机—灰鸡　非凡—辉煌　公费—工会
3. 女客—旅客　留念—留恋　恼人—老人　牛黄—硫磺
　男女—褴褛　南宁—兰陵　一年——一连　泥巴—篱笆
　水牛—水流　无奈—无赖　大怒—大路　牛腩—流岚
4. 宗旨—中止　早市—找事　赠品—正品　祖父—嘱咐
　粗布—初步　促发—触发　鱼刺—鱼翅　村庄—春装
　桑叶—商业　私情—诗情　蚕丝—蚕食　五岁—午睡

5. 基本—资本　枪口—窗口　稀饭—师范　边际—编制
详细—翔实　砖墙—专场　艰辛—艰深　修饰—收拾
名次—名气　字号—记号　短暂—短见　洗礼—失礼

6. 主力—阻力—举例　数目—肃穆—畜牧　身临—森林—新邻
山人—三人—仙人　商业—桑叶—香液　不扫—不少—不小
制造—自造—计较　技术—寄宿—继续　漳水—脏水—江水

九、找出下列词语中标错的拼音并改正。

非常（huīqiáng）	专业（juānyè）	吃饭（qīhuàn）	潦倒（niáodǎo）
气死（cìsǐ）	宁夏（língxià）	才干（cháikàn）	大小（dàshǎo）
赞助（zhànzù）	午睡（wǔsuì）	交代（zhāodài）	能人（léngrén）
飘柔（piāoyóu）	俗语（shúyǔ）	竹子（zúzi）	新娘（xīnliáng）
欢呼（fānfū）	回收（féisōu）	发泄（huāshè）	绕道（yàodào）

十、下面列举了母语为非汉语的学习者在学习声母时容易发生的偏误现象。请你具体分析每一种偏误现象背后的原因，并谈一谈如何帮助学生发出正确的音。

1. 日本学生经常把"排球"发成"白酒"，把"骗子"发成"辫子"。
2. 欧美学生经常把汉语的"bài（败）、dài（带）、gài（盖）"发成英语的"by、die、guy"。
3. 美国学生经常把"老师"发成"老西"，把"吃饱"发成"七宝"。
4. 母语为英语、德语、法语的学生经常把"述说"发成[ʃuʃuo]，把"上海"发成[ʃæŋxai]。
5. 韩国和日本学生容易把"喜欢"的"欢"读成"fān"，把"凤凰"读成"fèngfáng"。
6. 韩国和日本学生发"热天"时听起来像"乐天"，"天然"听起来像"天蓝"，"日本"听起来像"立本"。

十一、下面这首经过改编的诗包含了普通话中的所有声母（包括零声母的情况），因此被称为"声母歌"。请你先写出每个字的声母，然后再反复朗读全诗，力求发准声母的音。

采桑谣

春日起每早，采桑惊啼鸟。
风过扑鼻香，花开落，知多少。

第三章 韵母

第一节 韵母的分类

从组成部分来看，汉语的音节除了声母和声调以外，还有韵母。韵母是音节中声母后面的部分。

汉语普通话的韵母有 39 个。根据韵母的特点，我们既可以按它的内部结构进行分类，也可以根据韵母开头元音的发音特征来进行分类。

一、韵母的结构分类

普通话的韵母，有的只由元音构成，有的由元音加鼻辅音构成；在只由元音构成的韵母中，既有由一个元音构成的单元音韵母，也有由两个或三个元音构成的复元音韵母。根据这样的结构特点，我们将韵母分为单元音韵母、复元音韵母和鼻音韵母三大类。

（一）单元音韵母

单元音韵母是指由单个元音构成的韵母，简称**单韵母**。汉语普通话有 10 个单韵母。根据不同的发音部位和发音特点，可以分为舌面元音、舌尖元音和卷舌元音。

舌面元音：ɑ o e ê i u ü

舌尖元音：-i[ɿ]（前） -i[ʅ]（后）

卷舌元音：er[ɚ]

其中，舌面元音既可以单独做韵母，比如“nà（那）”，也可以跟其他元音组合构成复元音韵母，比如“nǎo（脑）”（ɑo 由 ɑ 和 o 组成）和“niǎo（鸟）”（iɑo 由 i、ɑ、o 组成）；舌尖元音和卷舌元音只能单独做韵母，它们统称为特殊元音韵母。

（二）复元音韵母

复元音韵母是指由两个或三个元音复合而成的韵母，简称**复韵母**。汉语普通话的复韵母有 13 个：

ai　ei　ao　ou

ia　ie　iao　iou

ua　uo　uai　uei

üe

由两个元音组成的复合元音叫二合元音，由三个元音组成的复合元音叫三合元音。普通话中的二合元音韵母有 9 个：ai、ei、ao、ou、ia、ie、ua、uo、üe。三合元音韵母有 4 个：iao、iou、uai、uei。

（三）鼻音韵母

鼻音韵母是指由一个或两个元音带上鼻辅音韵尾的韵母，简称**鼻韵母**。普通话中只有两个鼻辅音能与元音构成鼻韵母，一个是舌尖鼻音 n，另一个是舌根鼻音 ng。根据发音时的前后位置，舌尖鼻音 n 做韵尾的韵母叫作**前鼻音韵母**，舌根鼻音做韵尾的韵母叫作**后鼻音韵母**。普通话的鼻韵母一共有 16 个，前鼻音韵母和后鼻音韵母各 8 个。

前鼻音韵母：an　en　in　ün　ian　uan　uen　üan

后鼻音韵母：ang　eng　ing　ong　iang　uang　ueng　iong

当元音与鼻音韵尾组合发音时，并不是从元音突然跳到鼻音韵尾，而是自然而逐渐地滑动变化。值得注意的是，当鼻辅音做韵尾时，其发音跟作为声母的鼻辅音相比有很大的不同，那就是它在发音过程中只有形成阻碍和持续阻碍这两个阶段，没有解除阻碍的阶段。这种塞而不破的特点使得鼻辅音韵尾 n 听起来比它做声母时要弱一些。

组成复元音韵母和鼻音韵母的各个音素，它们在韵母中所占的比例和所起的作用一般是不相同的。其中往往有一个元音发得比较响亮、清晰，是韵母中的主干部分，这个音就叫**韵腹**，如 ai 中的 a，ie 中的 e，iou 中的 o，an 和 uang 中的 a。韵腹前面的元音叫**韵头**。普通话的韵头只有 i、u、ü 三个元音。韵腹后面的音叫**韵尾**。韵尾既包括元音韵尾，如 ei 中的 i，iou 中的 u，也包括鼻辅音韵尾，如 in 中的 n，ueng 中的 ng。在这三个组成部分中，韵腹是核心，是韵母必不可少的部分。每个韵母一定会有韵腹，而韵头和韵尾却不是必有成分，如“dà（大）”的韵母是 a，a 是韵腹，没有韵头、韵尾；“guā（瓜）”的韵母是 ua，其中 u 是韵头，a 是韵腹，没有韵尾；“dāo（刀）”的韵母是 ao，其中 a 是韵腹，o 是韵尾，没有韵头；“niáng（娘）”的韵母是 iang，其中 i 是韵头，a 是韵腹，ng 是韵尾。相对而言，韵腹和韵尾的关系比韵腹和韵头的关系要紧密一些，它们组成韵身后再与韵头结合。

二、韵母的四呼分类

根据传统音韵学对韵母的认识，按照开头元音发音时的口形特征，韵母可以分成开口呼、齐齿呼、合口呼和撮口呼四类，简称**四呼**。

开口呼：不是 i、u、ü，也不以 i、u、ü 开头的韵母。如 a、o、e、ê、er、-i[ɿ]、-i[ʅ]、ai、ou、en、ang 等。

齐齿呼：i 或者以 i 开头的韵母。普通话中有 9 个。

i

ia　ie

iao　iou

ian　in　iang　ing

合口呼：u 或者以 u 开头的韵母。普通话中有 10 个。

u

ua　uo

uai　uei

uan　uen　uang　ueng　ong[uŋ]

撮口呼：ü 或者以 ü 开头的韵母。普通话中有 4 个。

ü

üe

üan　ün　iong[yŋ]

实际上，开口呼就是除开其他三呼之外的所有韵母。

三、普通话韵母总表

将韵母的内部结构和开头元音的发音特征结合起来，就可以列出表 3-1“普通话韵母总表”（[ ] 内为相应的国际音标）。

表 3-1　普通话韵母总表

按口形分 韵母 按结构分	开口呼	齐齿呼	合口呼	撮口呼
单元音韵母	-i[ɿ] [ʅ]	i[i]	u[u]	ü[y]
	ɑ[ᴀ]	iɑ[iᴀ]	uɑ[uᴀ]	
	o[o]		uo[uo]	
	e[ɤ]			
	ê[ɛ]	ie[iɛ]		üe[yɛ]
	er[ɚ]			
复元音韵母	ɑi[ai]		uɑi[uai]	
	ei[ei]		uei[uei]	
	ɑo[ɑu]	iɑo[iɑu]		
	ou[əu]	iou[iəu]		
鼻音韵母	ɑn[an]	iɑn[iɛn]	uɑn[uan]	üɑn[yɛn]
	en[ən]	in[in]	uen[uən]	ün[yn]
	ɑng[ɑŋ]	iɑng[iɑŋ]	uɑng[uɑŋ]	
	eng[əŋ]	ing[iŋ]	ueng[uəŋ]	
			ong[uŋ]	iong[yŋ]

这个韵母总表中还有不少空格，说明普通话语音系统只利用了语音组合可能性中的一部分，还有一部分组合在理论上存在可能性，但在实际语音系统中并未出现。

注意，《汉语拼音方案》中的韵母表也是按四呼来排列的。不过，在《汉语拼音方案》中，ong 被归入开口呼，iong 被归入齐齿呼，这是单纯按照开头字母的书写符号 o 和 i 来归类的。事实上，如果从这两个韵母的实际读音和韵母系统的整齐性来考虑，ong 应归入合口呼，因为它的实际读音是 [uŋ]；iong 应归入撮口呼，因为它的实际读音是[yŋ]。另外，在韵母总表里，-i[ɿ]和-i[ʅ]没有归入齐齿呼，而是归入开口呼，也是根据它们实际发音的口形特点来归类的。

韵母的结构分类有助于我们了解韵母的发音和结构规律，而韵母的四呼分类则充分显示了汉语语音系统的整齐性，更好地揭示出汉语声母和韵母拼合的规律。我们在后面介绍汉语的音节特点时还要具体地分析。下面先从韵母的结构特点出发依次介绍单元音韵母、复元音韵母和鼻音韵母各自的类型和发音。

第二节　单元音韵母的类型及其发音

根据发音部位和发音特点的差异，单元音韵母可以分为舌面元音、舌尖元音和卷舌元音。下面分别说明。

一、舌面元音单韵母

舌面元音就是发音时舌面起主要作用的元音。一般可以从舌位和唇形这两个方面来观察舌面元音的发音特征。

（一）舌面元音的舌位和唇形

发音时，口腔可开可合，舌头可以抬高降低、前伸后缩，嘴唇可圆可不圆。舌面元音的不同主要就是由舌位的高低、舌位的前后和嘴唇的圆展这些方面的差异造成的。因此，在讲解每个元音的具体发音之前，先来了解一下跟元音发音有关的这三个方面。

一是舌位的高低。舌面较高的部位叫舌位，它的高低与口腔开合的程度（即开口度）有关系。开口度大，舌面跟硬腭的距离相对比较远，舌位就低；开口度小，舌面跟硬腭的距离相对比较近，舌位就高。按照舌位的高低，单元音可以分为高元音、半高元音、半低元音和低元音。比如 i[i] 和 ɑ[a] 的不同主要是舌位的高低不同，i[i] 是高元音，ɑ[a] 是低元音。

二是舌位的前后。舌位可以在口腔的前部，也可以靠近口腔的后部，还可以处在口腔的中央。依据前后位置的不同，单元音可以分为前元音、后元音和央元音。比如 ü[y] 和 u[u] 的不同主要是舌位的前后位置不同，ü[y] 是前元音，u[u] 是后元音。

三是嘴唇的圆展。根据是否圆唇，单元音可以分为圆唇元音和不圆唇（又叫展唇）元音。比如 i[i] 和 ü[y] 的不同主要是嘴唇圆展的形状不同，i[i] 是不圆唇元音，ü[y] 是圆唇元音。

这样，我们就可以根据舌位的高低、舌位的前后、嘴唇的圆展来观察舌面元音的发音。图 3-1 是从这三个角度出发绘制的一幅非常直观的舌面元音舌位图，图中口腔内曲线最高点的位置就是发这个舌面元音的舌面最高点，在前的实线和在后的虚线表示发舌面元音时舌面位置的前后。对照这个图，学习者模仿、学习舌面元音的发音就比较方便了。

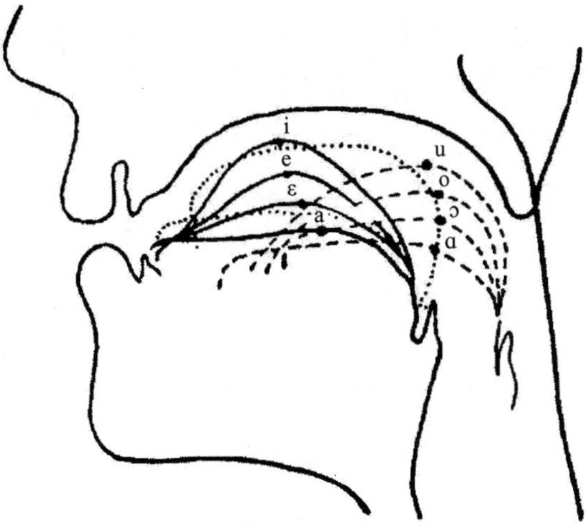

图 3-1 舌面元音舌位图（直观）

如果将舌位的高低、舌位的前后和嘴唇的圆展结合起来，将各个舌面元音发音时的相对关系做抽象的线条化处理，图 3-1 这幅舌面元音舌位直观图就可以抽象为图 3-2“舌面元音舌位唇形图”（图中[ ]外是普通话舌面元音，[ ]内是相应的国际音标）：

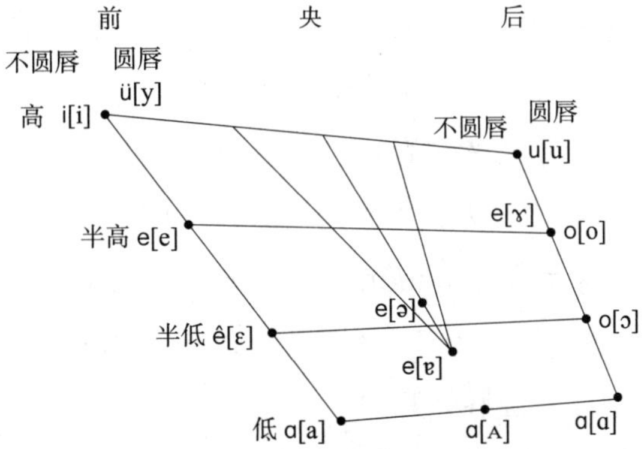

图 3-2 舌面元音舌位唇形图（示意）

图中纵向的线条表示舌位的高低，从上到下一般分为高、半高、半低和低四个层次；横向的线条表示舌位的前后，从左到右一般分为前、央、后三个层次。同时规定每条纵向线条的左边表示不圆唇，右边表示圆唇。这样就可以将每个舌面元音单韵母的发音特点和性质在表 3-2 中描述出来（次低央元音 e[ɐ] 未归入此表）：

表 3-2　普通话舌面元音单韵母表

舌位前后 / 唇形 / 舌位高低	前		央	后	
	不圆	圆		不圆	圆
高	i[i]	ü[y]			u[u]
半高	e[e]			e[ɤ]	o[o]
中			e[ə]		
半低	ê[ɛ]				o[ɔ]
低	ɑ[a]		ɑ[ᴀ]	ɑ[ɑ]	

明白了普通话舌面元音单韵母表的由来和构造原理，可以极大地帮助我们提高对语音系统性的认识，对学习新的元音（如汉语方言或其他语言的舌面元音）、比较相近的元音都大有好处。值得注意的是，普通话的一个记音符号有时代表好几个读音，如 ɑ、e 等，这主要是因为当它们跟其他的音组合时，在实际的发音过程中会产生一些变化。我们在后面分析元音的发音变化时还要进一步谈到。

（二）舌面元音单韵母的发音

普通话共有 7 个舌面元音：ɑ、o、e、ê、i、u、ü。结合前面的舌面元音舌位唇形图和舌面元音单韵母表，下面来逐个分析它们的发音情况。

ɑ[ᴀ]：舌面、央、低、不圆唇元音[①]

发音时，口腔的开口度比较大，舌头居中央，舌位低，双唇自然展开。例如：

爸爸（bàba）　马大哈（mǎdàhā）　发达（fādá）　打岔（dǎchà）
喇叭（lǎba）　杂沓（zátà）　刹那（chànà）　沙拉（shālā）

o[o]：舌面、后、半高、圆唇元音

发音时，口腔半开，舌头后缩，舌位半高，上下唇自然拢圆，但注意不要向前噘。例如：

① 通行的国际音标表中没有给央低元音设计专门的音标符号，但根据国际音标方案的应用原则，各个语言在描写具体语音系统时，可以根据需要做出某种调整。汉语语言学界一直遵从瑞典汉学家、语言学家高本汉（1889—1978）的处理方法，借鉴瑞典方言字母方案，用 [ᴀ] 来标此音。我们这里仍保留央 [ᴀ] 的国际音标标写形式，因为在普通话的语音系统中，单元音 ɑ[ᴀ]（央）和复元音 ɑi[ai] 中的 [a]（前）、ɑng[ɑŋ] 中的 [ɑ]（后）相比，舌位更偏向于居中。在语音教学中，细致地区别这三个具体发音，对发好相关的音很有帮助。

薄膜（bómó）	婆婆（pópo）	泼墨（pōmò）	磨墨（mómò）
剥落（bōluò）	婆娑（pósuō）	破获（pòhuò）	佛陀（fótuó）

注意，单韵母 o 除了“哦、喔、噢、咯”等极少数叹词和语气词外，只出现在唇辅音 b、p、m、f 之后。受唇音的影响，o 前面往往还有一个很短的过渡圆唇音，例如 bo 的实际发音为 [pʷo]，其中附加符号 ʷ 表示圆唇化。（注意：上面第二行各例词第二个字的韵母是 uo，不是 o）

e[ɤ]：舌面、后、半高、不圆唇元音

在 o[o] 的基础上，舌头不动，双唇微微向两嘴角展开，就能发出 e[ɤ] 的音来了。例如：

特色（tèsè）	歌德（Gēdé）	隔热（gérè）	苛刻（kēkè）
合格（hégé）	折射（zhéshè）	车辙（chēzhé）	色泽（sèzé）

ê[ɛ]：舌面、前、半低、不圆唇元音

发音时，口腔半开，舌头前伸，舌尖抵住下齿背，舌位半低，唇形展开，两唇上下开口度比 e[e] 稍大。这个音不跟声母直接相拼，在普通话里只有一个“欸”字（声调中的四声都有，表示不同的语气）；跟其他的元音组合时，只能构成 ie[iɛ] 和 üe[yɛ] 这两个复韵母。

i[i]：舌面、前、高、不圆唇元音

发音时，口腔微微展开，舌头前伸，舌尖抵住下齿背，舌面高度隆起与硬腭前部相对，舌位高，嘴唇展开呈扁平状。例如：

笔迹（bǐjì）	底细（dǐxì）	谜底（mídǐ）	利息（lìxī）
记忆（jìyì）	奇迹（qíjì）	习题（xítí）	意义（yìyì）

u[u]：舌面、后、高、圆唇元音

发音时，口腔开口度较小，舌头后缩，舌面后部高度隆起接近软腭，双唇拢圆，嘴唇向前撮。例如：

朴素（pǔsù）	目录（mùlù）	复古（fùgǔ）	服务（fúwù）
土著（tǔzhù）	路途（lùtú）	住处（zhùchù）	速度（sùdù）

ü[y]：舌面、前、高、圆唇元音

在 i[i] 的基础上，舌头保持不动，把嘴唇拢圆，发出来的音就是 ü[y] 了。例如：

语句（yǔjù）	旅居（lǚjū）	女婿（nǚxu）	局域（júyù）
趋于（qūyú）	曲剧（qǔjù）	徐徐（xúxú）	须臾（xūyú）

注意，按照《汉语拼音方案》的规定，j、q、x 后面 ü 上的两点要省去写成 u；当 ü 单独做韵母时前面加 y，ü 上两点也要省去，即写成 yu，但在拼读时要读 ü[y]。

二、舌尖元音单韵母

与舌面元音相比，舌尖元音主要是舌尖起作用。普通话中有 2 个舌尖元音，都是不圆唇的，只是靠舌尖的前后来区别。

-i[ɿ]：舌尖前、高、不圆唇元音

发音时，开口度很小，舌头前伸，舌尖前和上齿背接近，但保持一定距离，嘴唇展平。例如：

自私（zìsī）	自此（zìcǐ）	子嗣（zǐsì）	恣肆（zìsì）
次子（cìzǐ）	词次（cícì）	刺死（cìsǐ）	私自（sīzì）

这个音不能自成音节，只出现在声母 z、c、s 的后面。

-i[ʅ]：舌尖后、高、不圆唇元音

发音时，开口度很小，舌头后缩，舌尖上翘，和硬腭前部接近但不接触，嘴唇展平。例如：

纸质（zhǐzhì）	咫尺（zhǐchǐ）	指示（zhǐshì）	迟滞（chízhì）
失职（shīzhí）	史诗（shǐshī）	时日（shírì）	日志（rìzhì）

跟 -i[ɿ] 一样，-i[ʅ] 不能自成音节，只能出现在声母 zh、ch、sh、r 的后面。

注意，在《汉语拼音方案》中，舌面元音 i[i]、舌尖前元音 -i[ɿ] 和舌尖后元音 -i[ʅ] 都用一个标写符号 i 来表示。这是因为它们出现的语音环境各不相同：舌尖前音 -i[ɿ] 只跟 z、c、s 相拼，舌尖后音 -i[ʅ] 只跟 zh、ch、sh、r 相拼，舌面元音 i[i] 跟除了这两组声母以外的其他声母相拼。它们出现在不同的语音环境里，即使用同一个记音符号来记录，也不会产生混淆。对于母语为非汉语的学习者来说，需要分清楚三者的区别，在实际发音时不要混淆。

三、卷舌元音单韵母

卷舌元音是舌尖和舌面同时起作用的元音。普通话的卷舌元音是 er[ɚ]（或 [ər]）。它不能和声母相拼，只能自成音节。

er[ɚ]（或 [ər]）：卷舌、央、中、不圆唇元音

发音时，口腔略开，舌位居中，舌尖对着硬腭并向后卷，唇形不圆。例如下面这些词中的卷舌音：

儿子（érzi）　　耳朵（ěrduo）　　二胡（èrhú）　　而且（érqiě）

女儿（nǚ'ér）　　幼儿（yòu'ér）　　遐迩（xiá'ěr）　　尼泊尔（Níbó'ěr）

er 韵母的声调为去声（èr，如“二”）时，开口度比其他声调略大，实际音值接近 [ɐr]。

注意，《汉语拼音方案》里 er 中的 r 并不代表辅音音素，只表示卷舌动作，所以 er 韵母虽用两个符号来标写，但仍然是单韵母。

第三节　复元音韵母的类型及其发音

复元音韵母是由两个或三个元音组合而成的韵母。它在发音时由一个元音自然、快速地滑向另一个元音，发音过程整体连贯，口腔的形状、舌头的位置和嘴唇的形状也是逐渐变化的。普通话的复元音韵母共有 13 个：ai、ei、ao、ou、ia、ie、iao、iou、ua、uo、uai、uei、üe。

如果以发音比较响亮的韵腹为中心并根据它在韵母结构中的位置来分类，复元音韵母可以分为前响复元音韵母、后响复元音韵母和中响复元音韵母。下面具体说明它们的发音状况。

一、前响复元音韵母

在二合复元音中，前一个元音发音比较响亮的韵母称为**前响复元音韵母**。汉语普通话有 4 个前响复元音韵母：ai[ai]、ei[ei]、ao[ɑu]、ou[əu]。它们发音的共同特点是开口度由大到小，舌位由低向高滑动，开头的元音响亮清晰，收尾的元音轻短模糊，只表示舌位滑动的方向。下面分别进行说明。

ai[ai]：开头元音 a 受韵尾 i 的影响，处在比较前的位置，口腔开口度小一些，因此实际发音是 [a]。a 一开始发音后，就迅速向 i 滑动，但实际舌位也到不了 [i] 的高度，它只表示舌头移动的方向。例如：

爱戴（àidài）	拍卖（pāimài）	埋汰（máitai）	海派（hǎipài）
开采（kāicǎi）	灾害（zāihài）	彩带（cǎidài）	晒台（shàitái）

ei[ei]：开头元音 e 受韵尾 i 的影响，实际发音比单发 e[ɤ] 时靠前，口腔开口度也比单发时略窄。发音时从 e 开始舌位升高，向 i 的方向往前、往高滑动。例如：

北美（Běiměi）	蓓蕾（bèilěi）	配备（pèibèi）	妹妹（mèimei）
肥美（féiměi）	非得（fēiděi）	黑莓（hēiméi）	内贼（nèizéi）

ao[ɑu]：开头元音 a 受后面韵尾 o 的影响，比单元音 a[ᴀ] 的舌位靠后，实际发音是 [ɑ]。由 a 开始，舌位向 o（实际发音接近 [u]）的方向滑动，收尾的 [u] 音接近于单元音 u，但舌位略低。例如：

宝岛（bǎodǎo）	抛锚（pāomáo）	逃跑（táopǎo）	牢骚（láosāo）
高考（gāokǎo）	号召（hàozhào）	早操（zǎocāo）	吵闹（chǎonào）

ou[əu]：发音时从央元音 [ə] 开始，舌位向 u 的方向滑动。跟 ao 一样，收尾的 [u] 音接近于单元音 u，但舌位略低。例如：

豆蔻（dòukòu）	佝偻（gōulóu）	口头（kǒutóu）	走漏（zǒulòu）
凑够（còugòu）	搜走（sōuzǒu）	丑陋（chǒulòu）	守候（shǒuhòu）

二、后响复元音韵母

在二合复元音中，后一个元音发音比较响亮的韵母称为**后响复元音韵母**。普通话有 5 个后响复元音韵母：ia[iᴀ]、ie[iɛ]、ua[uᴀ]、uo[uo]、üe[yɛ]。它们发音的共同特点是：开口度由小到大，舌位由高向低滑动。开头的元音发得轻短，只表示舌头移动的开始，后头的元音发得响亮清晰，舌位滑动的终点是确定的。下面分别进行说明。

ia[iᴀ]：由 i 开始，然后舌位逐渐向央、低位的 a[ᴀ] 滑止。i 的发音短且轻，a 的发音响而长。例如：

加压（jiāyā）	假牙（jiǎyá）	夹虾（jiāxiā）	加价（jiājià）
掐架（qiājià）	下家（xiàjiā）	下辖（xiàxiá）	压下（yāxià）

ie[iɛ]：由 i 开始，然后舌位逐渐向半低位的 e[ɛ] 滑止，e 比单发时舌位靠前、略高，口腔略窄。i 的发音短暂，e 的发音较为响亮。例如：

爷爷（yéye）	业界（yèjiè）	冶铁（yětiě）	铁屑（tiěxiè）
贴切（tiēqiè）	结业（jiéyè）	鞋业（xiéyè）	斜街（xiéjiē）

ua[uA]：由 u 开始，然后舌位逐渐向央、低位的 a[A] 滑止。u 的发音轻短，a 的发音响亮。例如：

娃娃（wáwa）　抓花（zhuāhuā）　刮花（guāhuā）　挂画（guàhuà）
花袜（huāwà）　花滑（huāhuá）　画画（huàhuà）　耍滑（shuǎhuá）

uo[uo]：由 u 开始，然后舌位逐渐向半高位的 o[o] 滑止，o 的唇形没有单发时圆。u 的发音轻短，o 的发音响亮。例如：

哆嗦（duōsuo）　陀螺（tuóluó）　懦弱（nuòruò）　窝火（wōhuǒ）
阔绰（kuòchuò）　做错（zuòcuò）　蹉跎（cuōtuó）　硕果（shuòguǒ）

üe[yɛ]：由 ü 开始，然后舌位逐渐向半低位的 e[ɛ] 滑止。ü 的发音轻短，e 的发音响亮。例如：

约略（yuēlüè）　月缺（yuèquē）　乐阕（yuèquè）　决绝（juéjué）
绝学（juéxué）　雀跃（quèyuè）　缺略（quēlüè）　雪月（xuěyuè）

注意，在《汉语拼音方案》中，üe 的拼写规则跟 ü 一样，在 j、q、x 后时 ü 上两点要省去写成 u；当 üe 单独做韵母时前面加 y，ü 上两点也要省去写成 u，即写成 yue，但在拼读时要读 üe[yɛ]。

三、中响复元音韵母

在三合复元音中，中间的元音最为响亮，这类韵母叫**中响复元音韵母**。普通话有 4 个中响复元音韵母：iao[iau]、iou[iəu]、uai[uai]、uei[uei]。它们发音的共同特点是：舌位由高向低再由低向高滑动，开头的元音发得轻短，中间的元音发得响亮清晰，后面的元音发得比较短促模糊，只表示舌位滑动的方向。下面分别进行说明。

iao[iau]：可以看作 i 和 ao 的拼合。发音从 [i] 开始，然后舌位迅速向 [ɑ] 音滑动，再向后高元音 [u] 的方向滑升，大体停在比 [u] 稍低的位置。例如：

标调（biāodiào）　飘摇（piāoyáo）　秒表（miǎobiǎo）　吊桥（diàoqiáo）
调笑（tiáoxiào）　疗效（liáoxiào）　巧妙（qiǎomiào）　小瞧（xiǎoqiáo）

iou[iəu]：可以看作 i 和 ou 的拼合。发音从 [i] 开始，然后舌位迅速向 [ə] 音滑动，再向后高元音 [u] 的方向滑动，大体停在比 [u] 稍低的位置。例如：

优秀（yōuxiù）　牛油（niúyóu）　琉球（Liúqiú）　舅舅（jiùjiu）
久留（jiǔliú）　秋游（qiūyóu）　求救（qiújiù）　绣球（xiùqiú）

uai[uai]：可以看作 u 和 ai 的拼合。发音从 [u] 开始，然后舌位迅速向 [a] 音滑动，再向后高元音 [i] 的方向滑升，大体停在比 [i] 稍低的位置。例如：

外拐（wàiguǎi） 外快（wàikuài） 外踝（wàihuái） 乖乖（guāiguāi）

怀揣（huáichuāi） 踹坏（chuàihuài） 摔坏（shuāihuài） 摔歪（shuāiwāi）

uei[uei]：可以看作 u 和 ei 的拼合。发音从 [u] 开始，然后舌位迅速向 [e] 音滑动，再向后高元音 [i] 的方向滑升，大体停在比 [i] 稍低的位置。例如：

尾随（wěisuí） 归队（guīduì） 溃退（kuìtuì） 回归（huíguī）

醉鬼（zuìguǐ） 碎嘴（suìzuǐ） 垂危（chuíwēi） 水位（shuǐwèi）

注意，在《汉语拼音方案》中，当 iou、uei 前面加声母时，要写成 iu、ui，中间元音 o、e 在实际发音时并没有其他中响复元音韵母里的中间元音那么清晰响亮，甚至在某些条件下出现丢音（弱化或丢失）的现象。此时，声调分别标在韵尾 u、i 上。

第四节　鼻韵母的类型及其发音

普通话中，在音节末尾出现的辅音只有 n[n] 和 ng[ŋ]。它们与前面的元音共同构成鼻韵母。以 n 做韵尾的前鼻音韵母和以 ng 做韵尾的后鼻音韵母各 8 个。下面分类说明鼻韵母的发音情况。

一、前鼻音韵母

由于韵尾 n 是舌尖中音，前鼻音韵母又被称为“舌尖鼻音韵母”。普通话的前鼻音韵母有 8 个：an[an]、en[ən]、in[in]、ün[yn]、ian[iɛn]、uan[uan]、uen[uən]、üan[yɛn]。它们发音的共同特点是：舌位由元音向鼻辅音逐渐滑动，韵尾 n 在最后的除阻阶段不发音，舌尖抵住上齿龈后并不很快离开，而是让这个动作成为整个韵母发音的收尾动作。整个过程连贯自然。下面分别进行说明。

an[an]：受后面鼻韵尾 n 的影响，a 的实际发音比单发时靠前，为前低元音 [a]。由 [a] 开始，舌尖快速向上齿龈滑动，舌前部与上齿龈闭合，以鼻音 [n] 收尾。例如：

暗淡（àndàn） 斑斓（bānlán） 难堪（nánkān） 橄榄（gǎnlǎn）

勘探（kāntàn） 湛蓝（zhànlán） 惨淡（cǎndàn） 散漫（sǎnmàn）

en[ən]：受后面鼻韵尾 n 的影响，e 的实际发音比单发时靠前，为央元音 [ə]。由 [ə] 开始，舌尖快速向上齿龈滑动，舌前部与上齿龈闭合，以鼻音 [n] 收尾。例如：

本分（běnfèn） 门人（ménrén） 粉尘（fěnchén） 沉闷（chénmèn）

振奋（zhènfèn） 身份（shēnfèn） 深圳（Shēnzhèn） 人参（rénshēn）

in[in]：由 [i] 开始，舌尖快速向上齿龈滑动，舌前部与上齿龈闭合，以鼻音 [n] 收尾。例如：

殷勤（yīnqín） 濒临（bīnlín） 拼音（pīnyīn） 民心（mínxīn）

临近（línjìn） 金银（jīnyín） 尽心（jìnxīn） 薪金（xīnjīn）

ün[yn]：由 [y] 开始，舌尖快速向上齿龈滑动，舌前部与上齿龈闭合，以鼻音 [n] 收尾。例如：

芸芸（yúnyún） 均匀（jūnyún） 军运（jūnyùn） 军训（jūnxùn）

菌群（jūnqún） 逡巡（qūnxún） 循循（xúnxún） 熏晕（xūnyūn）

ian[iɛn][1]：可以看作 i 和 an 的拼合。发音从 [i] 开始，舌位迅速向 [a] 的位置滑动，不过，此时 a 的开口度比 [a] 稍小，实际为 [ɛ] 音，最后停在 [n] 的位置。例如：

眼前（yǎnqián） 编年（biānnián） 片面（piànmiàn） 电线（diànxiàn）

脸面（liǎnmiàn） 检验（jiǎnyàn） 浅显（qiǎnxiǎn） 闲言（xiányán）

uan[uan]：可以看作 u 和 an 的拼合。发音从 [u] 开始，舌位迅速向 [a] 滑动，最后停在 [n] 的位置。例如：

还款（huánkuǎn） 官宦（guānhuàn） 换算（huànsuàn） 乱转（luànzhuàn）

转换（zhuǎnhuàn） 穿暖（chuānnuǎn） 软缎（ruǎnduàn） 酸软（suānruǎn）

uen[uən]：可以看作 u 和 en 的拼合。发音从 [u] 开始，舌位迅速向 [ə] 滑动，最后停在 [n] 的位置。例如：

温顺（wēnshùn） 伦敦（Lúndūn） 论文（lùnwén） 滚轮（gǔnlún）

困顿（kùndùn） 馄饨（húntun） 谆谆（zhūnzhūn） 春笋（chūnsǔn）

üan[yɛn]：可以看作 ü 和 an 的拼合。发音从 [y] 开始，舌位迅速向 [a] 的位置滑动，不过，此时 a 的开口度比 [a] 稍小，实际为 [ɛ] 音，最后停在 [n] 的位置。例如：

渊源（yuānyuán） 圆圈（yuánquān） 源泉（yuánquán） 涓涓（juānjuān）

全院（quányuàn） 全权（quánquán） 轩辕（Xuānyuán） 选员（xuǎnyuán）

---

① 也有的教材将 ian 和下面 üan 的发音分别标为 [ian] 和 [yan]。我们考虑到 a 在 [i_n] 和 [y_n] 这样的环境中会发生语音上的变化，因此按照其实际发音来标音。

注意,《汉语拼音方案》规定，uen 与声母相拼时要将中间的 e 省去，写成 un，其道理跟 iou、uei 前面加声母时略去中间元音 o、e 一样。此时，声调标在 u 上。ün 和 üan 只在 j、q、x 三个声母后面出现，拼写时需要将 ü 上两点去掉写成 u；ün 和 üan 前面如果没有声母，在拼写时需加 y，同样 ü 要写成 u，即写成 yun、yuan，但 ü 的实际读音不能读 [u]，而要读 [y]。

二、后鼻音韵母

由于韵尾 ng 是舌根（舌面后）鼻音，后鼻音韵母又被称为“舌根鼻音韵母”。ng[ŋ] 的发音特征是：舌面后、浊、鼻音，它与前鼻音韵尾 n[n] 在发音上的差别主要在于形成阻碍时舌位的不同，n 是舌尖抵住上齿龈，ng 是舌面后接近软腭。

普通话的后鼻音韵母有 8 个：ang[ɑŋ]、eng[əŋ]、ing[iŋ]、ong[uŋ]、iang[iɑŋ]、uang[uɑŋ]、ueng[uəŋ]、iong[yŋ]。它们发音的共同特点是：舌位由元音向鼻辅音逐渐滑动，韵尾 ng 在最后的除阻阶段不发音，舌面后部抵住软腭后并不很快离开，而是让这个动作成为整个韵母发音的收尾动作。下面分别进行说明。

ang[ɑŋ]：受韵尾 [ŋ] 的影响，a 的发音比单发时靠后，实际为 [ɑ]。由 [ɑ] 开始，舌位向 [ŋ] 逐渐移动，完成收尾动作。例如：

肮脏（āngzāng）　帮忙（bāngmáng）　放荡（fàngdàng）　烫伤（tàngshāng）
蟑螂（zhāngláng）　厂房（chǎngfáng）　商场（shāngchǎng）苍茫（cāngmáng）

eng[əŋ]：受韵尾 [ŋ] 的影响，e 的发音比单发时舌位要稍低，实际为 [ə]。由 [ə] 开始，舌位向 [ŋ] 逐渐移动，完成收尾动作。例如：

萌生（méngshēng）　风筝（fēngzheng）　冷风（lěngfēng）
更正（gēngzhèng）　征程（zhēngchéng）　承蒙（chéngméng）
逞能（chěngnéng）　生冷（shēnglěng）

ing[iŋ]：由 [i] 开始，舌位向 [ŋ] 逐渐移动，完成收尾动作。例如：

秉性（bǐngxìng）瓶颈（píngjǐng）　命令（mìnglìng）　明星（míngxīng）
聆听（língtīng）　经营（jīngyíng）　蜻蜓（qīngtíng）　姓名（xìngmíng）

ong[uŋ]：由 [u] 开始，舌位向 [ŋ] 逐渐移动，完成收尾动作。例如：

瞳孔（tóngkǒng）　隆重（lóngzhòng）共同（gòngtóng）　空洞（kōngdòng）
轰动（hōngdòng）纵容（zòngróng）　充公（chōnggōng）松茸（sōngróng）

iang[iaŋ]：可以看作 i 和 ang 的拼合。由 [i] 开始，舌位迅速向 [ɑ] 滑动，最后以 [ŋ] 收尾。例如：

洋相（yángxiàng） 两样（liǎngyàng） 踉跄（liàngqiàng） 亮相（liàngxiàng）
酱香（jiàngxiāng） 强项（qiángxiàng） 晾凉（liàngliáng） 想象（xiǎngxiàng）

uang[uaŋ]：可以看作 u 和 ang 的拼合。由 [u] 开始，舌位迅速向 [ɑ] 滑动，最后以 [ŋ] 收尾。例如：

往往（wǎngwǎng） 狂妄（kuángwàng） 矿床（kuàngchuáng）
黄光（huángguāng） 状况（zhuàngkuàng） 装潢（zhuānghuáng）
窗框（chuāngkuàng） 双簧（shuānghuáng）

ueng[uəŋ]：可以看作 u 和 eng 的拼合。由 [u] 开始，舌位迅速向 [ə] 滑动，最后以 [ŋ] 收尾。例如：

嗡嗡（wēngwēng） 渔翁（yúwēng） 老翁（lǎowēng） 酒翁（jiǔwēng）
瓮城（wèngchéng） 水瓮（shuǐwèng） 蓊郁（wěngyù） 蕹菜（wèngcài）

iong[yŋ]：可以看作i和ong的拼合。由[i]开始，舌位迅速向[u]滑动，最后以[ŋ]收尾。其中，[i] 的发音比较轻短，而且由于受后面圆唇元音 [u] 的影响，[i] 在发音时往往带上了圆唇的动作，实际发音接近 [y]。因此，iong 的发音多标作 [yŋ]。[①] 例如：

炯炯（jiǒngjiǒng） 穷窘（qióngjiǒng） 穷凶（qióngxiōng） 汹涌（xiōngyǒng）
雄蛹（xióngyǒng） 汹汹（xiōngxiōng） 熊熊（xióngxióng） 囧（jiǒng）

我们在介绍普通话的声母时，曾经把那些在发音部位和发音方法上具有某个或某些共同点的声母排成整齐的聚合方阵，在进行声母教学时可以一组一组地教，从而提高学生学习声母的效率。普通话的韵母也一样，看起来纷繁复杂，实际上它们的构成很有规律，也可以进行一定程度的简化。按照韵腹的不同类别，单元音和复元音可以排列成下面这样的格局：

a	o	e
ai		ei
ao		ou
an		en
ang		eng
i	u	ü

① 也有的语音教材把 iong 标注为 [iuŋ] 或 [yuŋ]，供参考。

上述排列将 8 个有韵尾的韵母归纳成 a 系和 e 系两大类，它们形成两两对应的整齐格局，在教学时也可以一组一组地进行。掌握了上面这 14 个韵母，基本就掌握了汉语韵母系统的大格局，遇到带有介音（即“韵头”）的其他复韵母，就可以采用拼读的方法将它们拼出来。比如，学了声母 g、韵母 u 和 an，接着学习 guan，学生用三拼法就可以拼出 g-u-an（关）来。当然，也可以在学好 g 和 uan 的基础上，采取两拼法直接拼出 g-uan。因此，并不需要学习者死记硬背所有的韵母，这样就大大减少了需要学习的韵母的数目，也便于学生记忆。

第五节　元音的发音变化

这里所谓的“发音变化”，指的是《汉语拼音方案》中的某个记音符号在具体语音环境中的实际读音。从舌面元音舌位唇形图可以看出，同一个记音符号，代表了好几个实际读音，如 a 有 [a]、[ᴀ]、[ɑ]、[ɛ] 几种不同的读法，e 也有 [ɤ]、[e]、[ə]、[ɛ] 几种不同的读法。在具体音节的发音中，我们常常也能体会到一些差别。例如：

bā（八）— wā（挖）

bāi（掰）— bān（班）

bāo（包）— bāng（帮）

yān（烟）— yuān（渊）

同样都含有舌面低元音 a，但仔细比较会发现，上面这些音节中的 a 在发音上有细微的差别：在发“bā（八）— wā（挖）”中的 a 时，舌头既不前伸也不后缩，居中间位置，此时为“央 a[ᴀ]”；发“bāi（掰）— bān（班）”中的 a 时，舌位要比“央 a[ᴀ]”靠前些，舌尖接触下齿背，甚至用力抵住也能发出这个音，此时为“前 a[a]”；发“bāo（包）— bāng（帮）”中的 a 时，舌位要比“央 a[ᴀ]”靠后些，舌头往后缩，甚至用力往后缩也能发出这个音，此时为“后 a[ɑ]”；而发“yān（烟）— yuān（渊）”中的 a 时，开口度比“前 a[a]”稍小，实际发音接近 [ɛ] 音。这也就是说，当 a 出现在不同的语音环境时，实际发出来的音是有差别的。其他的舌面元音（“o、e、i、u、ü”）也是如此，当它们进入到语音结构或语流中时，实际音值都可能会发生变化，只不过有的发音变化较大，如“a、e、i、u”；有的发音变化较小，不仔细分辨甚至觉察不出来，如“o、ü”。

值得注意的是，普通话的这些音虽然在不同的组合条件下表示不同的读音，但是它们并没有区别意义的功能。如果我们把“bāi（掰）”中的 a 发成“后 a[ɑ]”，或者把“bāo（包）”中的 a 发成“前 a[a]”，只会让人觉得发音不太标准，但并不影响理解和交际。因此，人们习惯上还是把它们都看成一个 a，而把不同组合中的实际读音形式看成是这个音的变体，用不同的国际音标 [a]、[A]、[ɑ] 或 [ɛ] 来标示。

下面对普通话舌面元音的变化形式及其出现的语音条件做一些说明，我们在练习发音时需要细细体味，反复模仿。

一、a 的发音变化及其出现的语音条件

a 的发音变化和出现条件及相关例字可以用表 3-3 来展示：

表 3-3　a 的发音变化及其出现条件、例字

	出现条件	读音	韵母	例字			
a	无韵尾	[A]	a ia ua	啊（ā） 压（yā） 挖（wā）	拔（bá） 夹（jiá） 华（huá）	塔（tǎ） 卡（qiǎ） 垮（kuǎ）	辣（là） 下（xià） 挂（guà）
	韵尾 [-i] 或 [-n] 前	[a]	ai uai an uan	唉（āi） 歪（wāi） 安（ān） 弯（wān）	才（cái） 怀（huái） 谈（tán） 峦（luán）	改（gǎi） 拐（guǎi） 懒（lǎn） 软（ruǎn）	在（zài） 帅（shuài） 散（sàn） 窜（cuàn）
	韵尾 [-u] 或 [-ŋ] 前	[ɑ]	ao iao ang iang uang	凹（āo） 腰（yāo） 肮（āng） 央（yāng） 汪（wāng）	陶（táo） 聊（liáo） 昂（áng） 凉（liáng） 黄（huáng）	搞（gǎo） 脚（jiǎo） 躺（tǎng） 讲（jiǎng） 爽（shuǎng）	造（zào） 笑（xiào） 上（shàng） 象（xiàng） 壮（zhuàng）
	韵头 [i]、[y] 和韵尾 [n] 之间，即 [i_n] 或 [y_n] 中	[ɛ]	ian üan	烟（yān） 渊（yuān）	棉（mián） 全（quán）	点（diǎn） 卷（juǎn）	线（xiàn） 炫（xuàn）

a 的变化形式和出现条件看起来很复杂，实际上它们都是受语音环境影响的结果，具有较强的规律性：

1. a单念或做单韵母时，不受其他音的影响，舌位处在不前不后的央元音位置上，发音最自然；在 ia、ua 这两个有韵头、无韵尾的复元音中，a 的读音跟做单韵母时

的发音一样。这可以从韵母的结构关系方面做出解释。韵腹跟韵尾的关系结合得比较紧密，而跟韵头的关系不够紧密，由于这两个元音都没有韵尾，而韵头对它的影响不是很大，因此 ia、ua 中 a 的发音仍然是央元音 [ᴀ]。

2. 在韵尾 [-i] 和 [-n] 前时，a 的实际发音靠前。这是因为 [-i] 是前元音韵尾，[-n] 是前鼻音韵尾，受它们的影响，ai 和 an 中的 a 也就发成了舌位靠前的 [a]。而 uai 和 uan 虽然韵头 u 为后元音，但作为韵腹的 a 受韵头的影响并不是很大，因此在这两个音中仍像 ai 和 an 那样发成前 [a]。

3. 在韵尾 [-u] 或 [-ŋ] 前时，a 的实际发音靠后。这是因为 [-u] 是后元音韵尾，[-ŋ] 是后鼻音韵尾，受它们的影响，ao、ang 中的 a 也就发成了舌位靠后的 [ɑ]。韵头对韵腹的发音影响不是很大，因此 iao、iang、uang 中的 a 跟 ao、ang 一样发成后 [ɑ]。

4. 在 ian、üan 这两个韵母中，作为韵腹的 a 同时要受到韵头和韵尾的影响。韵头 i 和 ü 都是高元音，舌位较高；韵尾 n 是一个舌尖中音，舌尖要抬到上齿龈的位置形成阻碍，所以舌位也比较高；而 a 是低元音，如果要发这些音，舌头就要“高—低—高”地移动，很不方便，这时一般发成一个半低元音 [ɛ]，使舌头运动的过程变为“高—半低—高”，发音也就变得容易了。

因此，由于所处位置的不同或受其他音的影响或为了发音上的方便，a 在一定的语音条件下会发生变化。我们如果能了解 a 发生变化的条件及其背后的道理，在平时的发音训练中仔细体会，就更容易记住这些变化形式并发准这些音。跟 a 一样，其他的韵母（如 o、e、i、u、ü）在一定的语音条件下也会发生变化。

二、o 的发音变化及其出现的语音条件

o 的发音变化和出现条件比较简单，见表 3-4：

表 3-4　o 的发音变化及其出现条件、例字

	出现条件	读音	韵母	例字
o	无韵尾	[o]	o uo	噢（ō）　佛（fó）　抹（mǒ）　破（pò） 窝（wō）　夺（duó）　妥（tuǒ）　做（zuò）
	韵尾 [-u] 前	[ə]	ou iou	欧（ōu）　头（tóu）　吼（hǒu）　凑（còu） 优（yōu）　牛（niú）　九（jiǔ）　秀（xiù）

要注意的是，o 的书写符号与实际发音有不太一致的地方。ao、iao、ong 中的 o，

实际读音为 [u] 而不是 [o] 或者 [ə]，而 iong 的实际读音是 [yŋ]。

三、e 的发音变化及其出现的语音条件

表 3-5　e 的发音变化及其出现条件、例字

	出现条件	读音	韵母	例字			
e	单韵母	[ɤ]	e	哥（gē）	泽（zé）	可（kě）	贺（hè）
	韵尾 [-i] 前	[e]	ei uei	勒（lēi） 危（wēi）	贼（zéi） 葵（kuí）	北（běi） 毁（huǐ）	妹（mèi） 脆（cuì）
	无韵尾	[ɛ]	ê ie üe	欸（ê，四个声调都有） 椰（yē） 约（yuē）	 别（bié） 决（jué）	 铁（tiě） 雪（xuě）	 谢（xiè） 却（què）
	韵尾 [-n]、[-ŋ] 前；轻声音节中做韵腹	[ə]	en uen eng ueng	恩（ēn） 温（wēn） 绷（bēng） 翁（wēng）	盆（pén） 轮（lún） 疼（téng） 	怎（zěn） 捆（kǔn） 耿（gěng） 蓊（wěng）	奋（fèn） 润（rùn） 蹭（cèng） 瓮（wèng）
			轻声	你·的（de）	没·了（le）	这·个（ge）	他·呢（ne）

四、i 的发音变化及其出现的语音条件

表 3-6　i 的发音变化及其出现条件、例字

	出现条件	读音	韵母	例字			
i	做韵腹	[i]	i in ing	一（yī） 阴（yīn） 英（yīng）	题（tí） 贫（pín） 明（míng）	匹（pǐ） 紧（jǐn） 领（lǐng）	戏（xì） 信（xìn） 庆（qìng）
	做韵尾	[ɪ]①	ai　uai ei　uei	开（kāi） 杯（bēi）	孩（hái） 雷（léi）	拐（guǎi） 鬼（guǐ）	快（kuài） 岁（suì）

注意，当i做韵尾时发出的音开口度比单发[i]稍大，但比[e]小，可以用国际音标[ɪ]（舌面、前、次高、不圆唇元音）来表示。另外，当 i 出现在零声母音节开头的位置

① [ɪ]是i做韵尾时的国际音标严式记音，但由于其发音变化不如ɑ、o、e的变化显著，考虑到对外汉语教学的特殊性，为了教学中简化普通话的元音系统，本书在描写含有 -i 韵尾的韵母时，仍采用宽式记音 [i]。

（做单韵母、韵头[1]或鼻韵母的韵腹）时，发音都带有一些摩擦，《汉语拼音方案》中要求添加 y 或改写成 y，如“一（yī）、阴（yīn）、压（yā）、也（yě）、摇（yáo）”等。

五、u 的发音变化及其出现的语音条件

表 3-7　u 的发音变化及其出现条件、例字

	出现条件	读音	韵母	例字
u	做韵腹	[u]	u ong	屋（wū）　胡（hú）　阻（zǔ）　素（sù） 东（dōng）　同（tóng）　孔（kǒng）　纵（zòng）
	做韵尾	[ʊ][2]	ao　iao ou　iou	涛（tāo）　劳（láo）　巧（qiǎo）　庙（miào） 勾（gōu）　猴（hóu）　久（jiǔ）　绣（xiù）

注意，当 u 做韵尾时发出的音开口度比 [u] 稍大，但比 [o] 稍小，可以用国际音标 [ʊ]（舌面、后、次高、圆唇元音）来表示。另外，当 u 出现在零声母音节开头的位置（做单韵母或韵头）时，发音都带有一些摩擦，《汉语拼音方案》中要求添加 w 或改写成 w，如“屋（wū）、玩（wán）、吻（wěn）、位（wèi）”。在声母 f[f] 后摩擦还要大一些，如“夫（fū）、复（fù）”，这与 f 本身带有较大的摩擦有关。

六、ü 的发音变化及其出现的语音条件

ü 能做韵头或者韵腹（ü 做韵腹时，前面都没有韵头），不能做韵尾，即 ü 只能处于韵母的开头位置。它的发音变化也相对简单。当 ü 出现在非零声母音节中时，发音为舌面、后、高、圆唇元音 [y]。例如：

ü：　驴（lǘ）　女（nǚ）　拘（jū）　渠（qú）　序（xù）

üe：略（lüè）　虐（nüè）　噘（juē）　瘸（qué）　雪（xuě）

üan：娟（juān）　全（quán）　选（xuǎn）

ün：均（jūn）　群（qún）　训（xùn）

当 ü 出现在零声母音节中（只可能是开头位置）时，发音都带有一些摩擦，

① 当 i 在非零声母音节中做韵头时，摩擦不明显。考虑到韵头是声母和韵腹之间的过渡音，发音特点轻而短，对于 i 在非零声母音节中做韵头时的发音情况，本书不做详细讨论。下文 u、ü 同理。

② [ʊ] 是 u 做韵尾时的国际音标严式记音，但由于其发音变化不如 a、o、e 的变化显著，考虑到对外汉语教学的特殊性，为了教学中简化普通话的元音系统，本书在描写含有 -u 韵尾的韵母时，仍采用宽式记音 [u]。

《汉语拼音方案》中要求添加 y 或改写成 y，如“语（yǔ）、约（yuē）、原（yuán）、韵（yùn）”。

第六节　韵母辨正与韵母教学

前面我们对汉语普通话的单元音韵母、复元音韵母和鼻音韵母的类型和发音情况分别做了具体的介绍。母语为非汉语的学习者在习得这些不同类型的韵母时，所出现的偏误也各有特点。下面按照韵母的不同类型来进行说明。

一、单元音韵母的辨正与教学

单元音韵母的不同主要是由舌位的高低、舌位的前后和嘴唇的圆展这三个方面的差异造成的。容易出现偏误的单元音韵母主要集中在舌面元音 e 和 ü、舌尖元音 -i[ɿ] 和 -i[ʅ]、卷舌元音 er[ɚ] 上。ɑ、o、i 和 u 的偏误比较少，这主要是因为它们在不同的语言中具有一定程度的普遍性。不过，母语为非汉语的学习者发这些音时也存在局部不到位的情况。下面按照单元音韵母的类别来说明偏误情况及其需要注意的方面。

（一）舌面元音

ɑ、o、i 和 u 这几个音在多数语言中都存在，因此母语为非汉语者学习起来并不困难。不过，不同语言具体情况不太一样。对于这四个单元音韵母来说，一个比较普遍的问题就是“口音”。比如，同样是发 ɑ，有的语言（如通行于尼日利亚的伊博语）只有舌位靠前的前 [a]，有的语言（如美式英语和伊朗的波斯语等）只有舌位靠后的后 [ɑ]。当这些语言背景的学生在学汉语的 ɑ 时，就有可能混淆前后的位置，如把央 ɑ[A] 发成前 [a] 或者后 [ɑ]。又比如，英语、日语、韩语等语言中的 i[ɪ] 就比普通话的 i[i] 舌位要稍微低一些，声带没有绷得那么紧，这些语言背景的学生很容易用这个 [ɪ] 来对应普通话的 i[i]。还比如，有的语言（如美式英语、法语等）发 u 时，舌位比普通话中的 u[u] 靠前；而有的语言（如日语）中的 u 不但舌位靠前，唇形还是展平的；还有的语言（如韩语）发 u 时舌位靠后；等等。以这些语言为母语的学生在学习普通话的 u 时，就有可能用母语中近似的音来对应。诸如此类，就出现了口音问题。当然，口音问题通常不会影响理解和交际，但影响发音的准确性，我们在教学时应当提醒学生要注意正确的舌位和唇形。

在舌面元音舌位图上，除了 [ɑ] 有些特殊外，其余的元音大多是“前”与“不圆唇”相配，“后”与“圆唇”相配。表面看起来似乎是一种巧合，其实背后受到一定的发音原理制约。这样的舌位和唇形配置在发音上比较自然，也是世界上大多数语言中的普遍现象。相反，“前”与“圆唇”或“后”与“不圆唇”的配对则不是普遍现象，在发音上需要多费一番力气。这样一来，普通话中的“前、高、圆唇元音”ü[y] 和“后、半高、不圆唇元音”e[ɤ] 就成为了发音的难点。它们的难度不仅仅在于“圆／展”的程度，还在于舌位跟唇形的配合。比如，对于 ü[y]，日本学生容易将其发成“前、高、不圆唇”的 i[i]，有的还发成“后、高、圆唇”的 u[u]。韩语里没有单元音 [y]，有的韩国学生常将 ü[y] 发成韩语里 [u] 和 [i] 组成的复合元音 [wi]。其实，在练读时可以先发 [i]，然后舌头保持不动，再将嘴唇拢圆就可以发出 [y] 了。至于 e[ɤ]，欧美不少语言（如英语、法语、德语等）都没有这个音，学习者在发 e[ɤ] 时，舌头比较靠前，容易发成“前、半高、不圆唇元音”e[e]；日本学生则容易将 e[ɤ] 发成“后、高、不圆唇元音”[ɯ]（与 [u] 相对应的不圆唇音），如把“gē[kɤ]（哥）”发成 [kɯ]。这些都是由舌位和唇形的配合不当产生的偏误。要发好 e[ɤ] 的音，可以先发 o[o]，在 o 的基础上，舌头不动，嘴唇后缩，稍微向嘴角展开，就能发出 e[ɤ] 的音来了。

（二）舌尖元音

舌尖元音 -i[ɿ]（前）和 -i[ʅ]（后）主要靠舌尖起作用，母语为非汉语的学习者常常发不到位，发音时舌尖的位置不稳定。有的学生会受到汉语拼音字母的影响，将这两个音发成 i[i]。要学好这两个音，应该将它们分别与舌尖前声母 z、c、s 和舌尖后声母 zh、ch、sh、r 结合起来。练读时，不妨先练习整体认读音节 zi、ci、si 和 zhi、chi、shi、ri，然后通过拉长语音的办法读出舌尖元音。比如用普通话念“zī（姿）”并拉长，拉长的部分便是 -i[ɿ] 这个音；用普通话念“zhī（支）”并拉长，拉长的部分便是 -i[ʅ] 这个音。

（三）卷舌韵母

汉语普通话卷舌韵母 er[ɚ] 中的 r 表示卷舌动作，在发出 [ə] 后很快地将舌尖轻轻往后一卷。欧洲的很多语言，如法语、德语、丹麦语等，有一个通过小舌颤动而发音的小舌颤音 [R]；俄语、波兰语、西班牙语、意大利语等语言中还有一个舌尖抵住上齿龈脊并颤动的舌尖颤音 [r]（又叫齿龈颤音，俗称大舌颤音）。对于母语里有颤音

[R] 或 [r] 而没有卷舌音 [ɚ] 的学生来说，他们容易受字母书写的影响，用颤音 [R] 或 [r] 来代替卷舌动作，将普通话的卷舌韵母 er 发成 [eR] 或 [er]。东南亚的一些语言里也有颤音，如印尼语中的舌尖颤音 [r]，来自这些语言背景的学生在学卷舌音时也容易将它发成颤音。

二、复元音韵母的辨正与教学

汉语普通话的单元音韵母和复元音韵母是各自成系统的，其中复元音韵母比较丰富。复元音韵母由两个或三个元音组成，从一个元音到另一个元音，发音过程形成一个整体。因此，跟单元音韵母相比，发复元音韵母时更要注意元音之间配合的自然。复元音韵母的教学是汉语语音教学中的一个难点。

（一）区分单元音韵母和复元音韵母

复元音韵母发音时并不是将其中的各个元音成分加合在一起，即不是发完一个元音再发另一个元音，而是逐渐过渡的，整个发音过程是一个连续的整体。比如“āi（哀）”如果把元音一个一个地念出来的话，就有可能会变成“āyí（阿姨）”。

（二）防止丢失韵头

普通话有 i、u、ü 三个韵头。韵头的发音轻而短，一开始发就需要迅速滑到韵腹上。母语为非汉语的学习者在发音时常常容易丢掉韵头，这大概是因为韵头的发音很短暂，在发音的过程中来不及做与韵头相对应的口头动作。对此，学习者可以先做好发韵头的准备，如在发 u、ü 时先准备好圆唇的动作。

在有辅音声母的音节里练习带有韵头的韵母，可以运用三拼连读法，先慢后快，使韵头到位。如“宽（kuān）”，先念成 k-u-an，再快速读出整个音节。注意，韵头跟声母不能先拼成一个音节，否则就有可能完全改变原来的读音和意义，如不能把“kuān（宽）”发成“kū’ān”，也不能把“duànliàn（锻炼）”发成“dù’ànlì’àn”。

（三）发准韵头的音

复元音韵母的韵头 i 和 u，发音都比较轻短。如果韵头的音强和音长把握不好，就容易出现两个方面的偏误：一是将韵头发得太短太模糊。如韩国学生容易把“guān（关）”发成“gān（干）”，脱落了其中的韵头。这是因为韩语复合元音里的介音（相当于汉语的韵头），其音长很短，他们就将母语的这个特征挪用到汉语中来。实际上，汉语的韵头虽然轻短，但仍需要确保足够的音长。二是将韵头发得太长太重。泰语以 i 为韵头的复元音韵母有两个是长元音 [iː]，泰国学生容易将 iao 读成 [iːɑu]。因此，韵头既不能丢失或过短，也不能过长或过重。

（四）防止丢失韵腹

《汉语拼音方案》规定，iou、uei、uen 跟声母相拼时，中间的主要元音（韵腹）要省去，写成 iu、ui 和 un。这样的省写处理主要是考虑到这三个复合元音和声母相拼及与不同的声调配合时，音质会产生细微的变化。简单地说，iou、uei、uen 中的 o 和 e 在阴平和阳平字里会减弱，因为阴平、阳平这两个声调的动程较短，如“diū（丢）、liú（刘）、tuī（推）、chún（纯）”；而在上声字和去声字里，o 和 e 的音就很明显，因为这两个声调动程较长，如“jiou（久）、xiou（秀）、zuei（嘴）、cuei（脆）、zhuen（准）、duen（顿）”等。不过，如果 ui 和 un 跟舌根音 g、k、h 相拼，那么不论哪个声调，都不丢掉 e 音，如“kuei（亏）、huei（会）、huen（魂）”等。因此，具体情况比较复杂。由于《汉语拼音方案》并不能把这些细微的变化完全反映出来（否则会变得很烦琐），所以一律写成 iu、ui、un。其实，任何一个拼写方案都只能利用有限的符号来尽可能充分地描写丰富的语音系统，这就需要利用语言学的基本描写原则来做出分工、取舍和归并。

由于母语为非汉语的学习者对 iou、uei 和 uen 的音质变化条件不了解，再加上受汉语拼音拼写形式的误导，很容易把中间的元音省去不读，将三合复元音韵母发成二合复元音韵母。如韩国学生容易将 uei[uei] 发成 [ui]。这种偏误虽然不至于引起意义上的误解，但却影响发音的准确性。对此，初级语音教材里不妨在省写形式 iu、ui、un 的后面同时标注原来的形式 iou、uei、uen，以提醒学生注意。

三、鼻音韵母的辨正与教学

（一）区分前鼻音韵尾和后鼻音韵尾

汉语普通话有 8 个前鼻音韵母和 8 个后鼻音韵母，二者的区分十分严格，如“木船（mùchuán）— 木床（mùchuáng）、长针（chángzhēn）— 长征（chángzhēng）、引子（yǐnzi）— 影子（yǐngzi）”等。并不是所有的前鼻音韵母和后鼻音韵母都容易混淆。总的来说，容易相混的是表 3-8 中这两组的 10 个韵母：

表 3-8　容易相混的前鼻音、后鼻音韵母

	第一组		第二组		
前鼻音韵母	in	en	an	uan	ian
后鼻音韵母	ing	eng	ang	uang	iang

其中第一组相混程度最严重。除表 3-8 中的 10 个韵母外，其他 6 个韵母（uen—ueng、ong，ün—iong，üan）一般很少混读。

在介绍鼻音韵母时我们说过，前鼻音韵母和后鼻音韵母的最大区别就是韵尾鼻辅音的区别。-n[n] 和 -ng[ŋ] 在发音部位及口形特征上有很大的不同。母语为非汉语的学习者在学习鼻音韵母时，由于把握不好发音部位，容易将 -n[n] 和 -ng[ŋ] 混淆。

就前鼻音 -n 来说，日本学生的舌头习惯后缩或者阻塞面太大，虽然舌尖抵住了上齿龈，但同时舌面也抵住了硬腭，造成 -n 和 -ng 共鸣腔的形状几乎相同，所以发的音也就无法区分。而欧美一些国家的学生，在发前鼻音时容易一开始就鼻化，造成用鼻化元音来代替整个鼻韵母，如常常将 an 发成 [ɛ̃]。

就后鼻音 -ng 来说，一方面是学习者在发这个音时发音部位靠前，容易发成 -n 的音，如日本学生常将“dāng（当）”发成“dān（丹）”。另一方面是在结尾还要加上一个辅音的发音，这种情况常见于东欧一些国家和印度的学生。在他们的语言中，-n 后可以加 g、k、h 等辅音，但这些辅音是要除阻、发出音来的。受母语发音习惯的影响，他们在发汉语的后鼻音时，就不自觉地在结尾部分带上相应的辅音发音。

（二）分清前鼻音韵尾和后鼻音韵尾的常用字

其实，对绝大多数学习者来说，发这两类音并不是特别困难，只要训练得当，过一段时间也就掌握了这两类音。难就难在需要记住哪些字的韵尾是 -n[n]，哪些字的韵尾是 -ng[ŋ]。因此，分清楚前鼻音韵尾和后鼻音韵尾的常用字就显得特别重要。

一般来说，可以利用声旁来类推。如“今、斤、林、辰、分、艮（gěn 或 gèn）、门、申、身、文、贞、真”做声旁的字以及跟“鳞、侵、温、珍”等同声旁的字是前鼻音韵尾；“丁、京、井、竟、令、青、曾、风、生、争、正”做声旁的字以及跟“峰、经、凌”等同声旁的字是后鼻音韵尾，常用字中例外的只有“邻（lín）”和“进（jìn）”。有两个常用多音字，这两个韵尾都有，如下：

亲：① qìng 只用于“亲家、亲家公、亲家母”。
　　② qīn　用于其他词语组合。

劲：① jìng 只用于表示“强而有力”这个形容词性语义成分。例如：劲拔、劲敌、劲风、劲歌、劲旅、劲射、苍劲、刚劲、强劲、雄劲、疾风知劲草。

② jìn 用作名词性语义成分，常儿化。例如：劲头、有劲、没劲、药劲、醋劲、闯劲、干劲、后劲、起劲、带劲、来劲、卖劲、使劲、用劲、松劲、高兴劲、一股劲、不得劲。

还可以通过声韵拼合规律来帮助记忆。如普通话中的 d、t 只跟 ing 相拼，不跟 in 相拼。常用字如“丁、顶、定，听、停、廷”等都是后鼻音。又如 n、l 一般只跟 eng 相拼，不跟 en 相拼（除“嫩、恁”）外，常用字如“能、冷、愣、棱”等。

思考与练习三

一、填空。

1. 根据韵母的结构特点，将韵母分为________、________和________三大类。
2. 按韵母开头元音发音时的口形特征，韵母可以分成________、________、________和________四类。
3. 根据组成韵母的元音所占的比例和所起的作用，韵母还可以进一步分为________、________和________。
4. 能做韵头的元音是________、________和________，可以充当声母和韵尾的辅音是________，只能充当韵尾而不能充当声母的是________。
5. 前响复韵母包括________、________、________和________，后响复韵母包括________、________、________、________和________，中响复韵母包括________、________、________和________。
6. 音节“yuǎn（远）”的韵头是________，“kuǎn（款）”的韵头是________。
7. 普通话韵母中，只能自成音节的是________。
8. 韵母 in 和 ing 的不同在于________。

二、写出下列单韵母的国际音标，并描写其具体发音特征。

1. ɑ [　　] ____________________
2. ü [　　] ____________________
3. -i [　　] ____________________ （“zi”中的“-i”）
4. -i [　　] ____________________ （“zhi”中的“-i”）

5. er [ ] ____________

6. u [ ] ____________

7. e [ ] ____________

三、读准并写出下列词语中各音节的韵母，然后按"四呼"给它们归类。

刺激 走路 泄漏 安乐 语句 应该

捐款 相当 用途 老翁 生长 致辞

四、请分析下列各例字的韵母结构，并将其成分填到表格中的相应位置。

例字	韵母			例字	韵母		
	韵头	韵腹	韵尾		韵头	韵腹	韵尾
无				腿			
睡				群			
表				台			
安				柳			
夏				样			
光				全			

五、选择填空并朗读。

1. 我________给他写了三封邮件都没有________上他。（联系 连续）
2. 这次________分笔试和________。（考试 口试）
3. ________的冬天常常刮________。（北风 北方）
4. 王教授这次________的内容是关于汉字________的。（讲话 简化）
5. 她以爱的________损害了他的________。（名誉 名义）
6. 我家________里飞进来几只________。（燕子 院子）
7. 在欢畅的________中，这次________大赛拉开了帷幕。（戏曲 序曲）
8. 他们俩________相投，都喜欢________足球。（趣味 气味）

六、对比下列词语中的韵母，反复朗读，读准 i 和 ü。

分期—分区 办理—伴侣 遗传—渔船 书籍—书局 名义—名誉

里程—旅程 雨季—雨具 适宜—适于 比翼—比喻 有气—有趣

大姨—大鱼　联系—连续　意见—遇见　提起—提取　奇迹—齐聚

铭记—名句　惦记—电锯　季节—拒绝　容易—荣誉　不及—布局

七、对比下列词语中的韵母，反复朗读，读准前鼻音韵母和后鼻音韵母。

an—ang：反问—访问　赞颂—葬送　开饭—开放　担心—当心　产地—场地

肝胆—钢胆　心烦—心房　天坛—天堂　施展—师长　产房—厂房

en—eng：陈旧—成就　申明—声明　木盆—木棚　清真—清蒸　绅士—声势

诊治—整治　瓜分—刮风　人身—人生　忠臣—忠诚　亲身—亲生

in—ing：信服—幸福　频繁—平凡　禁止—静止　金银—经营　引子—影子

弹琴—谈情　金星—精心　亲生—轻声　亲近—钦敬　请进—清静

八、对比下列词语中的韵母，反复朗读。

o—e：墨盒　薄荷　波折　破格　胳膊　隔膜　刻薄　折磨

ai—ei：白费　败北　代培　败类　悲哀　黑白　擂台　胚胎

ia—ie：家业　佳节　夏夜　掐捏　接洽　野鸭　叠加　截下

ie—üe：解决　谐谑　谢绝　灭绝　越野　确切　学业　决裂

iao—iou：交流　娇羞　料酒　校友　丢掉　柳条　牛角　袖标

ian—iang：演讲　天亮　念想　变量　镶嵌　香甜　两面　抢钱

o—uo：菠萝　剥夺　破获　没落　唾沫　活泼　琢磨　戳破

ua—uo：花朵　话说　跨国　瓜果　国画　火花　说话　多话

uai—uei：怪罪　快慰　衰退　外汇　鬼怪　追怀　毁坏　淮水

uan—uang：晚妆　端庄　观光　宽广　王冠　光环　狂欢　壮观

九、写出下列各组汉语音节中画线字母的国际音标，并比较它们在发音上的差别。

ta—tai—tian—tang　　ge—mei—jie—men

bo—gou—hong　　zhi—zi—ji

十、改正下列词语中标错的拼音。

穷苦（qóngkǔ）　生意（shēnyù）　鲜花（xuānhuā）　旅客（lǔkè）

河水（huóshuěi）　躲藏（dǒciáng）　江湖（jānghuó）　飞机（fījī）

波浪（buōliàng）　效果（xàogǒ）　人民（rénmíng）　做作（zòzo）

对付（deìfu）　谋求（móqióu）　简写（jǎnxě）　火炬（hǒjù）

十一、简答。

1. 描写普通话单元音韵母的发音可以从哪些方面来进行？请你自己总结并具体描写一下汉语 e、i、ü、-i[ʅ] 和 -i[ɿ] 的发音。

2. zhí（值）、qí（其）、cí（词）的韵母都是齐齿呼韵母吗？为什么？

3. 现代汉语普通话中有的元音的实际读音情况很复杂，但《汉语拼音方案》只用了不多的元音字母就可以加以区别，这是为什么？请举例说明。

十二、下面列举了母语为非汉语的学习者在学习普通话的韵母时常见的一些偏误现象。请你具体分析每一种偏误现象背后的原因，并谈一谈如何帮助他们发出正确的音。

1. 日本学生常把“yǔ（雨）”发成“yǐ（以）”，把“shēngyù（生育）”发成“shēngyì（生意）”。

2. 印尼学生常常把“értóng（儿童）”中的 er 发成 [ə]，然后加一个舌尖颤音 [r]。

3. 有的留学生在读“huàichù（坏处）”时发成“hàichù（害处）”，还有一些把“xuéyè（学业）”发成“xiéyè（鞋业）”。

4. 有的留学生经常把“chénjiù（陈旧）”说成“chéngjiù（成就）”，把“chūshēng（出生）”说成“chūshēn（出身）”。

5. 有的学生把“艳”读成“议案”，把“欠”读成“奇案”，把“借”读成“饥饿”。

十三、下面这首诗包含了普通话中的所有韵母，因此又被称为“韵母歌”。请你先写出每个字的韵母，然后再反复朗读，发准各个韵母的音。

捕鱼歌

人远江空夜，浪滑一舟轻。
网罩波心月，竿穿水面云。
儿咏欸唷调，橹和嗳啊声。
鱼虾留瓮内，快活四时春。

第四章
声　调

除了声母和韵母以外，汉语普通话的音节还有一个不可或缺的组成部分——声调。**声调**是贯穿于整个音节的音高变化，具有区别意义的作用。比如，由声母和韵母构成的音节 ma，如果没有声调，是无法辨别它所表示的意义的。只有给它一定的声调，比如“mā（妈）、má（麻）、mǎ（马）、mà（骂）”，才能区别出不同的意义。又比如，“pífū（皮肤）— pǐfū（匹夫）、tōngzhī（通知）— tǒngzhì（统治）”的不同，也是由声调的区别作用造成的。由于汉语书面上用汉字来记录音节，因此声调也叫**字调**。

汉语普通话有四个声调（汉语中还存在轻声现象，但轻声不是声调），汉语方言声调有多有少，最少的有三个声调，多的达到十一二个。世界上不少语言都有声调，比如亚洲的越南语、泰语、缅甸语和他加禄语（菲律宾境内）等，非洲的班图语，欧洲的瑞典语、挪威语等。不过，不同的语言，声调系统很不一样，如瑞典语的声调区别在于音高的高低，而汉语普通话的声调不但有高低之分，还有平曲升降的变化，具有自身特色。因此，普通话的声调对于母语为非汉语的学习者来说是一个难点，声调教学也成为汉语语音教学最重要的环节之一。

第一节　调值、调型和调类

汉语是有声调的语言，声调在汉语普通话语音系统中具有特殊的重要地位。普通话的声调可以从调值、调型和调类这三个方面来分析。学习汉语的声调只有先理解了这三个概念，才能将声调发到位，纠正不正确的声调发音。

一、调值

调值就是声调的实际读法，指的是一个音节高低升降曲直长短的变化形式。声调的音高是相对的，因此调值就是相对音高。比如，男人和女人，老人和小孩儿，甚至同一个人用低音和高音来发同一个音节“tiān（天）”，绝对音高都是不同的，但我们在听感上认为他们发的是同一个音节。这主要是因为他们的相对音高和声调的变化幅度是基本一样的。可见，声调的高低升降的变化形式是相对的。

为了把调值描写得直观好懂，通常采用“五度标记法”来展示普通话的调值。“五度标记法”就是用五度竖线来标记相对音高的一种方法。这种方法是把一条竖线由低到高四等分成五个点，每个点代表 1 度，由下到上定为 5 度：最高音 5 度，半高音 4 度，中音 3 度，半低音 2 度，最低音 1 度。如果一个音节又高又平，那就是由 5 度到 5 度，其调值就是 55；如果一个音节从中间的高度升向最高，也就是由 3 度到 5 度，其调值就是 35；如果一个音节从半低的 2 度降到最低的 1 度，再升向半高的 4 度，其调值就是 214；如果一个音节从最高的 5 度降到最低的 1 度，其调值就是 51。用这样的方法，普通话四个声调的基本调值可以确定为 55、35、214 和 51。图 4-1 是用五度标记法标记的普通话四个声调的调值：

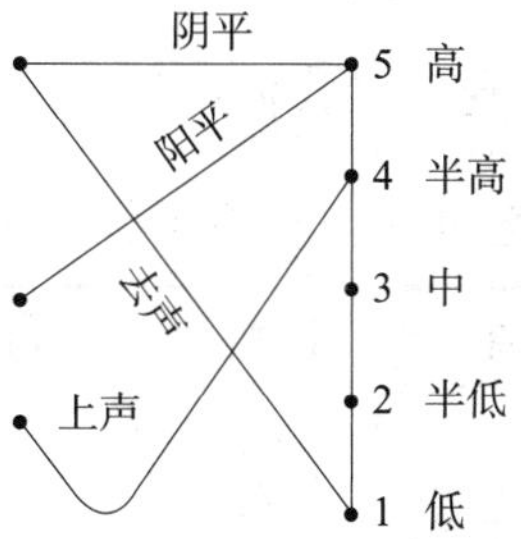

图 4-1　普通话调值示意图

为了更简明形象地表示调值之间的关系，《汉语拼音方案》规定用“ˉ ˊ ˇ ˋ”这四个符号作为普通话四个声调的调号。

二、调型

调型就是声调音值变化的样式。“型”在这里的含义不是类型，而是样式。根据声调滑动的具体走势，调型包括平调、升调、降调和曲折调。**平调**是指平直的调，调值为 55、44、33、22、11 之类的声调都是平调。**升调**是指前低后高的调，调值为 45、35、25、14、13 之类的声调都是升调。**降调**是指前高后低的调，调值为 53、51、42、31 之类的调都是降调。**曲折调**是指有曲折变化的调，调值为 213、214、524、423 之类的先降后升的调，或调值为 131、242、353、142 之类的先升后降的调（这一类普通话中没有），都是曲折调。因此，同一个调型可能包括好几种调值。不同的语言即使调型相同，调值也不一定相同，如都是平调，汉语普通话的调值为55，越南语的调值为44，而泰语的调值为33。

普通话的调型有高平调（55）、中升调（35）、降升调（214）和高降调（51）四类。调型在语音学习和语音教学中具有重要意义。调型是否正确，直接关系到声调是否准确到位。

三、调类

调类就是声调的分类，指的是把一种语言（或方言）中调值相同的字音归纳在一起所形成的类别。调值相同的字音属于同一个调类，有多少种基本调值就归纳成多少种调类。普通话有四个基本调值，因此就归纳为四个调类：阴平、阳平、上（shǎng）声、去声。如普通话的"爬（pá）、迟（chí）、台（tái）、门（mén）、同（tóng）、床（chuáng）"等，是不同的字，但它们的调值都是35，因此都属于阳平这个调类。

为了更好地辨析上面这几个概念，我们归纳、整理出表4-1：

表4-1　普通话的声调

调类	调值	调型	调号	例字
阴平	[55]	高平	ˉ	妈（mā）
阳平	[35]	中升	ˊ	麻（má）
上声	[214]	降升	ˇ	马（mǎ）
去声	[51]	高降	ˋ	骂（mà）

这里附带说一下调类和调值之间的关系。二者是"名"和"实"的关系。调值是由一个字的实际音高变化决定的，而"阴平、阳平、上声、去声"等调类是依据汉语普通话或特定方言内同一声调的字与古代汉语声调的对应关系而定名的。因此，同一个字在不同的时代、不同的地域往往有着不同的实际读法（调值），但仍属于同一个调类。同样，不同方言中相似的调值也可能归属于不同的调类。

第二节　普通话的四声

普通话有四种基本调值，因此有四个调类（轻声、变调属于音变现象，不包括在内）：阴平、阳平、上声和去声。这四个调类在教学中通常叫作第一声、第二声、第三声和第四声，统称为四声。下面分别说明四声的具体情况。

一、阴平（第一声）

发音时，声带始终比较紧张，音高保持高而平，基本上没有升降变化，调值是55。阴平调也叫高平调或55调。例如：

班车（bānchē）　香蕉（xiāngjiāo）　温州（Wēnzhōu）　突出（tūchū）
珍惜（zhēnxī）　鲜花（xiānhuā）　舒心（shūxīn）　丰收（fēngshōu）

二、阳平（第二声）

发音时，声带由不松不紧的状态到逐渐拉紧，音高由中向高扬起，调值是35。阳平调也叫中升调或35调。例如：

熟食（shúshí）　人民（rénmín）　维持（wéichí）　回答（huídá）
结识（jiéshí）　油田（yóutián）　及格（jígé）　乘凉（chéngliáng）

三、上声（第三声）

发音时，放松声带并始终保持松弛，音高先由半低降到低再升到半高，中间有曲折，调值是214。上声调也叫降升调或214调。例如：

雨伞（yǔsǎn）　美酒（měijiǔ）　理解（lǐjiě）　友好（yǒuhǎo）
导演（dǎoyǎn）　口渴（kǒukě）　许可（xǔkě）　想法（xiǎngfǎ）

注意，两个上声相连，前一个上声的调值会发生较明显的变化，我们将在第六章讨论音变现象的“变调”时再做具体的说明。

四、去声（第四声）

发音时，声带突然拉紧，然后逐渐放松，音高由最高点降到底，调值是51。去声调也叫高降调（全降调）或51调。例如：

宴会（yànhuì）　画报（huàbào）　电扇（diànshàn）　秀发（xiùfà）
羡慕（xiànmù）　重视（zhòngshì）　寂静（jìjìng）　壮丽（zhuànglì）

注意，“调号”虽然标在主要元音（韵腹）上，但高低升降曲折的变化却贯穿于整个音节。也就是说，声调是整个音节的音高现象，而不只是主要元音的音高。

还有一个需要特别注意的现象，在普通话的同一个声调类型中，不管音节中的音素有多少个，它们的发音长度基本上是一样的。如“ā（阿）”只包含了一个音素，“shā（沙）”包含了两个音素，“shuā（刷）”包含了三个音素，“shuāng（双）”包含了四个音素，音节长短有别，但是读阴平时的声调长度都是一样的。当然，不同的声调之间有不同的长度，一般认为普通话中上声最长，其次是阳平，再次是阴平，最短的是去声。

第三节　声调辨正与声调教学

普通话的四个声调“平、升、曲、降”，升降差异显著，并且明显地区别于其他声调语言中的声调，成了普通话语音中最显著的特征。对于母语为非汉语的学习者来说，无论学习者的母语是否有声调，普通话的声调几乎都是他们学习汉语语音的共同难点。

要学习汉语就必须掌握汉语的声调。声调具有区别意义的作用，声调要是发得不正确，常常会造成误解。比如有的学生常把“我要水饺（wǒ yào shuǐjiǎo）”说成近似“我要睡觉（wǒ yào shuìjiào）”，把“这是大树（zhè shì dàshù）”说成近似“这是大叔（zhè shì dàshū）”，因此闹出不少笑话。声调也是普通话语音中最敏感的部分，不少母语为非汉语的学习者说的普通话在中国人听来总是“洋腔洋调”，其中一个重要的原因就是没有把握好准确的声调。要想把汉语说得地道，必须在声调上下功夫。

关于普通话中四个声调的难度，人们一般认为，阴平和去声比较容易学，阳平和上声比较难掌握。其实，对于不同的学习者来说，声调的难易程度是有差异的。我们无法笼统地说哪个声调好学，哪个声调难学，在碰到具体问题时需要具体分析。

总的来说，母语为非汉语的学习者所产生的声调偏误大致可以用这四句话来概括——“阴平不够高，阳平上不去，上声转不好，去声下不来”。结合学习者的母语背景，下面对这四个声调习得过程中所出现的一些常见偏误及其应对方法分别进行说明。

一、阴平的辨正与教学

对于绝大多数母语为非汉语的学习者而言，普通话的阴平不难掌握。不过，对于东南亚学生来说，其母语往往是有声调的语言（如泰语、越南语、缅甸语等），他们在学习普通话的阴平时常常发不准。比如，泰语没有高平调，但有一个中平调（调值是 33），越南语也有一个中平调（调值为 44），泰国学生和越南学生往往用他们母语中的中平调（两者的相对调值比较接近，但不相同）来对应普通话的高平调（调值为 55）。因此，他们发出的高平调在中国人听来总是念得太低，也就是常说的“阴平不够高”。

针对这样的情况，应该有意识地提醒学生在发音时要抬高音调。此外，还可以采取一些比较、对应再调整的策略来教学。如对于泰语学生，让他们先尝试用泰语的第四调（调值为 45）来对应汉语的第一声，这样的调值在听感上更接近于普通话的阴平，然后再慢慢训练到阴平的 55 调值。①

二、阳平的辨正与教学

对于普通话的阳平，许多母语为非汉语的学习者觉得这个声调不容易升上去，即所谓的“阳平上不去”。这主要是因为他们发音时起调过高或过低。起调过高的，声带已经相当紧了，再紧就很难，音高自然难以往上升。起调过低的，达不到 3 度的位置，在上升时也只是稍微升一点，阳平发不到位，如韩国学生发阳平就是这样的情况。

起调过高或过低，都是没有定好位，因此需要训练调值的定位。针对起调过高的情况，可以让学生先读一个去声字，然后用去声来带阳平，例如“配合、自然、辨别、未来、序言、复合、抱团、问题、智能”等，这样有助于练好阳平。针对起调过低的情况，应该提醒学生提高起点音高，然后再上升到适当的位置。

三、上声的辨正与教学

普通话的上声是一个曲折调，在实际的发音中，它并不是一个简单的降升调，而是一个降平升的三折调 [2114]。尤其要注意的是，上声的中间部分处在五度表里最低的 1 度，而且后面升的趋势往往也不明显，发成[211]或[212]也是没有问题的。因此，上声的关键在于它的低音性，而且低的部分有一定的延续。母语为非汉语的学习者在

---

① 泰语的声调系统中包含五个声调，用五度标记法来标记分别是：第一声（33）、第二声（21）、第三声（41）、第四声（45）、第五声（14）。

初学普通话时往往把握不好上声的这个低音性，降得不够低、不够长，而且还没降够就开始上升，拐弯也不明显，听起来好像是第二声，出现了“上声转不好”的偏误。可能因为阳平和上声都有“升”这一共同点，很多以英语、日语、韩语为母语的学生都容易混淆上声和阳平，掌握不好上声拐弯的技巧。

在上声教学中，应该提醒学生尽可能用低的嗓音来发上声，培养“上声低调”的发音意识。在感知上，低音发声的效果越明显，上声的辨别度就越高。当学习者初步掌握了上声的发音要领以后，最好将上声与其他声调交错地练习，例如“统一、演出、只能、转型、否则、想象、写作、美丽、保健”等。注意，一般不要将两个上声连在一起练习，否则会受到“连上变调”（两个上声相连，前面的上声变成阳平）的干扰，搅乱初学者的发音训练。

四、去声的辨正与教学

普通话的去声是高降型，从最高降到最低，降得比较快，音长相对比较短。去声的常见偏误是起调不够高或者降调不到位，如越南学生和泰国学生，他们常常发不好普通话的去声。越南语没有与汉语对应的高降调，越南学生常用母语中的低降调（调值为 21）或接近的中降调来代替普通话的高降调（调值为 51）。[①] 泰国学生的常见偏误则是降调不到位，他们一般降到 3 度即止，并且拖得太长，出现了拖音现象。如果去声不容易降下来，可以用阳平带去声的方法来训练，例如“环境、辽阔、服务、模特、合作、投递、的确、决定、行业”等。

为了读准普通话的四声，还要反复听辨、练读和熟记一些普通话四声的代表字，习惯四声的高低变化。例如：

山明水秀（shānmíng-shuǐxiù）	兵强马壮（bīngqiáng-mǎzhuàng）
心直口快（xīnzhí-kǒukuài）	花红柳绿（huāhóng-liǔlǜ）
英雄好汉（yīngxióng-hǎohàn）	飞禽走兽（fēiqín-zǒushòu）
酸甜苦辣（suān-tián-kǔ-là）	胸怀广阔（xiōnghuái guǎngkuò）
三国演义（Sān Guó Yǎnyì）	天人感应（tiān rén gǎnyìng）
黑白影片（hēi-bái yǐngpiàn）	诸如此类（zhūrú-cǐlèi）

这些四字格的声调分别是普通话的四声，可以作为普通话四声的代表字。辨明、

① 越南语的声调系统中包含六个声调，用五度标记法来标记分别是：横声（44）、玄声（21）、问声（212）、跌声（213）、锐声（锐舒声 335、锐入声 45/55）、重声（11，调末比 1 更低）。

读准、熟记这些字，听普通话的字音就有了客观标准。

五、声调的教学顺序

汉语母语者在学习普通话的声调时，习惯按照阴平、阳平、上声、去声的唱调顺序，如从“ā—á—ǎ—à”的顺序开始。对母语为非汉语的学习者来说，是不是也要按照这样的顺序呢？从教学实践的角度来说，应该抓住学习者和学习对象的特点，容易学而且能带动学习其他声调的项目可以先教。一般认为比较好的声调教学顺序是先教阴平和去声，然后再教阳平和上声。

阴平的调值是55，发音时又高又平。如果阴平的调值发不准，会直接影响其他声调的发音。母语为非汉语的学习者发阴平调时容易过高或过低，这就造成阳平上不去、去声下不来等问题。因此，阴平可以作为其他三个声调定高低的基准。先练好阴平，有了这个音高参照，把声带放松，就比较容易发出高降调的去声了。对阴平的最高位置和去声的最低位置都有了一定的感知之后，再学阳平的由中到高，学生就比较容易体会到高低的变化。在把握好低音的基础上，最后学习降升的上声调。在四个声调全部学完之后，再按照阴、阳、上、去的四声唱调顺序来做练习，如“bā—bá—bǎ—bà、mā—má—mǎ—mà”等。

读准了普通话的声母、韵母和四声的调值，是不是就算学好了普通话的语音呢？其实并不是这样的。跟留学生打过交道的人只要留心一下就会发现这样的现象：有的人声韵调发音都很正确，但在说话或朗读时总让人觉得不怎么地道。这又是怎么回事呢？主要原因是还没有很好地掌握普通话的腔调，它包括变调、轻声、语调在内的多个整体性语音特征。变调和轻声，我们在讲完音节后再逐一说明。学习普通话腔调的过程，就是培养学生在语音方面具备语感的过程。学习者只有既做到“字正”，又做到“腔圆”，其普通话水平和等级才能得到较大提高。

思考与练习四

一、填空。

1. 声调是构成汉语音节的三大要素之一，它同声母、韵母一样具有________的作用。
2. 女高音和男低音都发“tài（太）”这个音，他们的________是不同的，但我们在听感上认为他们发的是同一个音，这是因为他们的________是相同的。
3. 调值指的是________________，调类指的是________________。

4. 普通话语音系统的四个声调分别是________、________、________和________，其调值分别是________、________、________和________。

5. 有的留学生把“法”发成“乏”，这是声调的________弄错了；把“法”发成313调，这是________没到位。

6. “人、才、无、华、赢、格、国”属于调类中的________调，“变、幻、莫、测、越、欲、试”属于________调。

二、指出下列各字的调类，并将相同调类的字归为一组。

腰　远　望　婆　互　风　之　玩　雁　举

把　题　努　盆　欧　诺　平　飘　浅　恰

三、写出下列词语的汉语拼音并标出声调。

1. 主力—助理　登记—等级　荐举—艰巨　练习—怜惜
2. 才华—菜花　摆脱—拜托　惊异—敬意　敷衍—赴宴
3. 装置—壮志　高速—告诉　禁区—进取　长方—厂房
4. 春节—纯洁　徒弟—土地　裁决—采掘　展览—湛蓝
5. 河水—喝水　管理—惯例　机关—籍贯　大学—大雪
6. 间距—检举　百年—拜年　同志—统治　大理石—大力士
7. 师姐—时节—使节—世界　五一—无疑—无意—武艺
8. 整洁—正解—症结—政界　忧郁—鱿鱼—有余—犹豫
9. 珠子—竹子—主子—柱子　司机—司级—死机—四季
10. 衣物—遗物—义乌—义务　棉签—免签—面签—面前

四、朗读下列同调词语，强化四声练习。

高音—音箱—箱中—中心—心声—声腔

和平—平常—常年—年轮—轮流—流行

选举—举手—手指—指导—导演—演讲

大会—会议—议事—事变—变动—动态

五、四声发音练习。

衣—移—以—义　屋—无—午—物　迂—于—与—欲

踢—题—体—剃　咪—迷—米—蜜　吃—迟—尺—斥

淹—盐—眼—厌　突—涂—土—兔　捞—劳—老—涝

奢—蛇—舍—社　科—壳—渴—客　蒙（蒙骗）—盟—猛—梦

六、读准下列词语的普通话声调并标出拼音。

1. 思前想后　一劳永逸　雕虫小技　优柔寡断
獐头鼠目　山重水复　飞檐走壁　风调雨顺
千锤百炼　因循守旧　花团锦簇　高朋满座

2. 墨守成规　背井离乡　覆水难收　过眼云烟
兔死狐悲　异口同声　妙语连珠　逆水行舟
顺理成章　奋笔疾书　刻骨铭心　信马由缰

七、选择填空并朗读。

1. 这棵________上有好几只小________。（松鼠　松树）
2. 他常常________起那次________的情景。（会议　回忆）
3. 我________，________的世界很复杂。（成人　承认）
4. ________变了，但他们家________相传的这门技艺还没变。（世代　时代）
5. 对于犯错误的人，我们不应该________他，而需要好好儿________他。
（鼓励　孤立）
6. 这个国家已经________再发动________战争了。（武力　无力）
7. 团长做了一个错误的________，________这次行动失败了。（致使　指示）
8. ________！这次飞机又________两个小时。（晚了　完了）
9. 虽然有老师________，可是________现在他还是不________这篇作文该怎么写。（指导　知道　直到）

八、下面加点的字都是声母和韵母相同而声调不同的多音字，请分别标出它们的拼音。

1. 我相信这张相片上的人就是她。
2. 她宁愿一辈子住在这个宁静的小山村也不愿意回大城市。
3. 你稍微等待一下吧，他待会儿就回来了。
4. 妈妈担心他挑不了这么重的担子。
5. 我答应她一周后给出确定的答复。
6. 大兴的农民今年很高兴，西瓜又获得了丰收。
7. 最近几年，济南的经济发展很快。
8. 难道这次空难航空公司没有责任吗？

9. 妹妹倒垃圾的时候摔倒了。

10. 在古代很长一段时间里，人们对于数和量是区别对待的，数是数出来的，量是量出来的。

九、思考。

1. 如果你来自汉语方言区，或你的母语中有声调，请把你会说的汉语方言或母语里的声调跟普通话的声调做一个比较，看一看有什么区别。

2. 泰语和越南语都是有声调的语言。有人认为泰国学生和越南学生很容易就能学会汉语的声调，只要把自己母语中的声调大致对应过来就可以了。你觉得这样的想法对不对？为什么？

3. 我们在说英语的时候，常常能明显地感觉到，每个单词都没有固定的声调，但是整句话会有一个语调。例如：

—Is this your book? ↗

—No. It’s not. ↘

有的欧美学生发不好汉语的阳平和去声，就用英语语调中的升调和降调来代替。你觉得这样对吗？为什么？

第五章 音节

音节是语音的基本结构单位，也是人们能够自然感知到的最小的语音单位。除了开头没有辅音的零声母音节外，普通话的音节都是由声母和韵母组成的，还包括贯穿整个音节的声调。

音节既然是结构单位，那么就可以从结构的角度去认识和分析。结构是由成分构成的，成分和成分之间还存在着一定的关系。有的成分之间的关系紧密一些，有的成分之间则松散一些；有的成分之间是一种平行关系，而有的成分则是上下包含关系。关系的亲疏远近会影响到成分在结构中的表现。这是对结构的基本认识，也是我们分析问题的基础。无论面对什么样的语言现象，如果善于从结构的视角来看问题，就既能提高我们对语言现象的观察能力和分析能力，也能加深我们对语言系统的认识。其实，分析其他各种自然现象、社会现象、心理现象等，也都是如此。

第一节 汉语音节的结构和特点

一、汉语音节的构成

按照传统的汉语音韵学的分析，音节一般由声母、韵母和声调这三个部分组成。音节开头的部分是声母，声母后面的部分是韵母，声调是贯穿音节始终的音高现象。如“zhuāng（庄）”这个音节的声母是 zh，韵母是 uang，声调是第一声。普通话的音节开头可以没有辅音声母，这样的音节是零声母音节，如“àn（暗）”，没有声母，韵母是 an，声调是第四声。普通话的韵母相对比较复杂，内部还有结构层次，可以进一步分成韵头、韵腹和韵尾（参见第三章“韵母”中的相关说明）。韵腹和韵尾的关系较为紧密，它们共同组成韵身。每个韵母都有韵腹（主要元音），但不一定有韵头或韵尾。

为了更清楚地展示普通话的音节结构，表 5-1 列举了其基本类型。

表 5-1 普通话音节结构的基本类型

音节＼结构方式	声母	韵母			声调
		韵头	韵身		
			韵腹	韵尾	
é			e		阳平
wǔ			u		上声
yā		i	ɑ		阴平
ái			ɑ	i	阳平
ōu			o	u	阴平
àng			ɑ	ng	去声
jǐ	j		i		上声
lüè	l	ü	e		去声
qún	q		ü	n	阳平
zhuāng	zh	u	ɑ	ng	阴平

注意：音节“yā”中的 y，是由 i 改写而成的符号，而“wǔ”中的 w，则是在单韵母 u 前添加的符号，在分析音节结构时要还原成实际的音。具体的拼写规则参见本章第四节“普通话音节的拼写规则”中的说明。

从表 5-1 可以看出，一个音节可以没有声母、韵头和韵尾，但一定会有韵腹和声调。汉语音节最少可以由一个音素构成，如“é”；最多由四个音素构成，如“zhuāng”（zh、u、ɑ 和 ng，其中 zh 和 ng 都是用两个符号代表一个音素）。

二、声调符号的标注位置

在韵母中，所有的单元音都可以充当韵腹，而韵头只能由开口度较小的高元音 i、u 和 ü 充当，韵尾只能由 i、u 和 n、ng 充当。如果一个韵母含有两个或三个元音，开口度最大的元音做韵腹，如 ɑi 和 iɑ 中，ɑ 的开口度比 i 大，因此是韵腹；üe 和 ie 中，e 的开口度比 ü 和 i 都大一些，因此是韵腹；iɑo 中的 ɑ、uei 中的 e，开口度最大，它们都是韵腹。

有了这样的一些知识，就可以比较方便地说明普通话声调符号的标注位置了。声调都标在韵腹上，也就是标在开口度相对较大的元音上。一般教学中提到的按 ɑ → o → e → i → u → ü 的顺序优先选择排在前面的字母标调，如“bā、pǎo、zài、sōu、lèi、xiē、jǐng、qún、jiān、kuáng”等音节的标调，就是这个道理。

这里需要特别说明由 iu 和 ui 做韵母的音节的标调问题。在实际教学中，我们常将 iu 和 ui 的标调单独列出，指出它们的声调符号总是标在后一个字母上。其实这两个韵母的标调方式也符合根据开口度大小标调的原则。我们知道，iu 是 iou 的省写形式，ui 是 uei 的省写形式。在 iou 和 uei 中，充当韵腹的是开口度相对较大的元音 o 和 e，本来声调应该标在它们上面，但由于这两个音素省写了，声调只能标在其他音素上。由于韵尾和韵腹的关系比韵头和韵腹的关系紧密，所以作为韵尾的音素就“优先继承”了韵腹的标调功能，如“liú、guǐ”等。另外，uen 在跟声母相拼时，要省写为 un。由于 un 中的韵尾 n 是辅音，声调不可能标在它的上面，因此只能往前移到韵头 u 的上面，如“dūn、kùn”等，这仍然符合上面所说的标调原则。从这里进一步看出，无论是研究还是教学，对结构成分及其关系的分析会帮助我们更清楚地认识问题的本质。很多例外现象，如果能发现其中合乎规则的部分，那么掌握和记忆起来就会变得方便多了。

三、普通话的语音特点

特点是通过比较而显示出来的。我们可以通过跟其他语言（如英语、德语、俄语、法语、日语、韩语、泰语、蒙古语等）语音的比较得出普通话的语音特点。结合汉语普通话的音节结构，下面从辅音、元音和声调三个方面来说明它的语音特点。

（一）没有复辅音

在普通话音节中，没有复辅音的情况，即两个辅音不能连续出现。不少语言有复辅音相连的情况，如俄语“книга（书）”中的“кн”为两个辅音相连；英语“split（分离）”中的“spl”为三个辅音相连；德语“schrittweise（逐渐地）”中的“sch”也是三个辅音相连。普通话的音节结构中没有这样的组合形式。像“zhuāng”这类音中的“zh”和“ng”都是两个字母表示一个音素，不是复辅音。在教学中，一定要区分清楚语音符号的书写问题和语音单位的实际发音之间的关系。

（二）元音占优势

在普通话音节中，元音占优势。一般说来，音节里可以没有辅音，但不能没有元音。在普通话中，除“m、n、ng、hm、hng”这几个叹词（主要表示应答或质疑）的特殊音（后两个更加特殊，无需了解）之外，每个音节都有元音。而且，在韵母结构中，只有“n、ng”这两个辅音可以出现在某些韵母的结尾（如“an、ang、en、eng、in、ing、ong”等），其他全部由元音构成（如“u、ia、ei、iou”等）。

需要注意的是，普通话里没有相同的元音符号连用的音节。英语里有两个相同的元音符号连用的情况，如“moon[mu:n]（月亮）、too[tu:]（也）”中的o连用。

（三）有声调

汉语是一种有声调的语言，每个音节都有一个声调。汉语中的每个字单念时都有确定的声调。在词语或句子当中，有的字可以念轻声，但这并不意味着这个字没有声调，而是因为字音在具体的语音环境中发生了变化，声调读得又轻又短。

正是由于普通话音节没有复辅音，元音占优势，同时每个音节都有一个声调，这使得音节与音节之间的界限十分分明，结构形式比较整齐，同时富有高低升降的变化，形成了汉语普通话节奏鲜明、音乐性强的特殊风格。

第二节　普通话声韵调的配合规律

普通话的语音系统共有21个声母（零声母除外）、39个韵母和4个声调。从理论上来说，声母和韵母的组合具有多种可能性。如果不算声调的话，拼出来的音节数量有八百多个，可是实际上出现的只有四百多个。也就是说，并不是每个声母都能跟所有的韵母相拼，声母和韵母的拼合是受到一定限制的。实际上，声母、韵母和声调的配合具有一定的规律性，其中声韵配合的规律性很强，而声调和声韵之间的配合只有一些倾向性的规则。下面介绍普通话声韵配合的一般规律。

在普通话语音系统中，相关发音部位的声母（除零声母外，都是由辅音组成）往往跟同一类韵母相拼，而它们之间最直接的联系就体现在声母跟韵母开头的音的关系上。传统上将汉语的韵母分为开口呼、齐齿呼、合口呼和撮口呼，声韵配合的规律性主要就表现在声母的发音部位跟韵母“四呼”的关系上。这里将普通话声母的发音部位跟韵母“四呼”的配合情况整理在表5-2中（“+”表示该行声母能够跟该呼的全部韵母或部分韵母相拼，“–”表示不能相拼）：

表 5-2　普通话声韵配合关系表

配合关系 声母＼韵母		开口呼	齐齿呼	合口呼	撮口呼
双唇音	b　p　m	+	+	+（限于 u）	–
唇齿音	f	+	–	+（限于 u）	–
舌尖中音	d　t	+	+	+	–
	n　l				+（限于 ü、üe）
舌根音	g　k　h	+	–	+	–
舌面音	j　q　x	–	+	–	+
舌尖后音	zh　ch　sh　r	+	–	+	–
舌尖前音	z　c　s	+	–	+	–
零声母	Ø	+	+	+	+

普通话声韵配合的一些基本规律既可以从声母的角度来进行说明，也可以从韵母四呼的角度来进行分析：

一、从声母的角度看

1. 双唇音 b、p、m 只跟开口呼、齐齿呼以及合口呼的 u 韵母相拼，不跟撮口呼相拼。

2. 唇齿音 f 只跟开口呼以及合口呼的 u 韵母相拼，不跟齐齿呼、撮口呼相拼。在所有的声母中，f 能配合的韵母最少。

3. 舌尖中音 d、t、n、l 能跟开口呼、齐齿呼、合口呼相拼，但 d、t 不能跟撮口呼相拼，而 n、l 可以跟撮口呼的 ü、üe 韵母相拼。

4. 舌根音 g、k、h，舌尖后音 zh、ch、sh、r，舌尖前音 z、c、s，只能跟开、合两呼相拼，不能跟齐、撮两呼相拼。

5. 舌面音 j、q、x 跟上面第 4 条中的三组声母相反，只能跟齐、撮两呼相拼，不能跟开、合两呼相拼。

6. 零声母基本上能跟所有韵母相拼，只是不能跟舌尖韵母 -i[ɿ] 和 -i[ʅ] 相拼。-i[ɿ] 必须跟 z、c、s 相拼，-i[ʅ] 必须跟 zh、ch、sh、r 相拼。

下面这个顺口溜可以简要地将声母与韵母“四呼”之间的配合关系表达出来：

j 组声母拼齐撮，
g、zh、z 组拼开合，
b、d、t 组开齐合，
四呼齐全是 n、l。

二、从“四呼”的角度看

1.开口呼韵母能拼合的声母最多，除了舌面音j、q、x之外，与其他声母都能拼合。

2. 撮口呼韵母能拼合的声母最少，只能与舌面音 j、q、x 和舌尖中音 n、l 拼合，与 n、l 拼合时仅限于 ü、üe。

3. 齐齿呼只能跟双唇音 b、p、m，舌尖中音 d、t、n、l 和舌面音 j、q、x 相拼。

4. 合口呼能跟除了舌面音 j、q、x 之外的其他声母相拼，不过，与双唇音 b、p、m 和唇齿音 f 相拼时仅限于 u。

5. 跟四呼韵母都配合的只有舌尖中音 n、l 和零声母。

注意，能不能相拼一般不是由发音本身造成的，而是由各个语言或方言语音系统内部各个成分的相互制约和历史发展造成的。如普通话的 f 不能跟 i 相拼，但上海话可以，如“飞”在上海话里就念成“fi”，很多语言中也都有这样的音节组合；又如现代汉语中 g、k、h 不能跟齐齿呼、撮口呼相拼，但在古代汉语中是可以的。

前面提到，普通话中的声韵配合受到一定的限制，如果不带声调的话，能拼出四百多个音节。如果声韵配合再与不同的声调进行组合，能组成 1300 个左右的音节。总体来看，1300 个左右的音节，四个声调，理论上平均每个声调要覆盖 300 多个音节，声调的负荷最重，这说明了声调的重要性。在普通话中，声调和声韵之间虽然有一定的组合关系，但是没有特别明确的规律，只有一些倾向性的规则。如 m、n、l、r 四个浊音声母的阴平字很少，且限于少数口语常用字，如“妈（mā）、猫（māo）、妞（niū）、拉（lā）、扔（rēng）”等。又如 b、d、g 这三个不送气清塞音和 j、zh、z 这三个不送气塞擦音跟鼻韵母相拼基本上没有阳平字（除了来自北京话的“咱 zán”“哏 gén”“甭 béng”）。大多数音节组合都有四种声调，但有的音节只有一种声调，比如“sen”只有第一声“sēn（森）”，“zei”只有第二声“zéi（贼）”，“nuan”只有第三声“nuǎn（暖）”，“ri”只有第四声“rì（日）”，等等。

掌握了普通话声韵配合规律，对学好普通话、掌握拼音和拼写规则、提高给汉字注音的能力、避免出现拼音错误等，都具有重要的意义。

第三节　普通话音节的拼读方法

普通话的音节是由声母、韵母和声调组成的。这三个部分如何拼读成一个完整的音节呢？我们平常所说的“拼音”，指的就是拼读音节的过程，即按照普通话音节的构成规律，把声母、韵母急速地连续拼读并加上声调而成为一个音节。

在牢记普通话声韵配合规律的基础上，拼读音节要读准声母、韵母和声调的音值。就声母来说，要念声母的本音。由于声母是辅音，发音不响亮，我们在学习单个声母的发音时，通常在声母后面配合不同的元音来发。如念 b 的时候，通常在 b 后面加 o 读成“bo”，这就是“呼读音”。不过，在拼读音节时，要念声母的本音，不能念呼读音。就韵母而言，发音要完整，要防止丢失韵头。另外，在拼读音节时还要注意读准调值。

依照声母和韵母拼读的方式，普通话音节常用的拼读方法有四种：两拼法、三拼法、声介合拼法和整体认读法。

两拼法就是把声母和韵母（带上声调）直接拼合起来的方法。这种方法的要领是“前音（指声母）轻短后音（指韵母）重，两音相连猛一碰”。例如：

m+ā → mā（妈）　　b+ái → bái（白）

k+ǒu → kǒu（口）　　g+òng → gòng（共）

三拼法就是把音节分成声母、韵头、韵身（韵腹或韵腹 + 韵尾，带上声调）三部分进行拼合，也叫“三拼连读法”。这种方法的要领是“声短介快韵母响，三音连读很顺当”。例如：

j+i+ā → jiā（家）　　h+u+ó → huó（活）

n+u+ǎn → nuǎn（暖）　　q+ü+àn → quàn（劝）

能用三拼法拼读的音节也可以用声介合拼法来拼读。声介合拼法就是把声母和韵母中的介音（韵头）先拼在一起，然后再与后边的韵身（带上声调）相拼。例如：

k+u+ān → ku+ān → kuān（宽）　　n+i+án → ni+án → nián（年）

g+u+ǎng → gu+ǎng → guǎng（广）　　x+ü+àn → xu+àn → xuàn（炫）

整体认读法，又叫音节直呼法，就是直接读出音节，不需要用声母去拼韵母，这种方法要以熟悉 400 多个基本音节为基础。

需要注意的是，无论采取哪种拼读方法，声母和韵母之间的拼合都不能停顿，气流不能中断，要一气呵成。如普通话的“qī”是一个音节，用阴平调快读，要一次完成发音；如果气流中断，就可能会变成两个音节“qī yī（七一）”。

第四节　普通话音节的拼写规则

《汉语拼音方案》和《汉语拼音正词法基本规则》对普通话音节的拼写做了一些规定，主要有下面一些内容，学习普通话时必须了解。这是正确认读和拼写汉语拼音、查检现代汉语字典词典的基础。

一、y、w的用法

关于i、u、ü三行的韵母（也就是齐齿呼、合口呼、撮口呼韵母）自成音节时的写法，有如下规定：

1. i和u后面如果没有别的元音，就在i前直接加y，在u前直接加w。例如：

i → yi（衣）　in → yin（因）　ing → ying（英）　u → wu（乌）

2. i和u后面如果有别的元音，就把i改成y，把u改成w。例如：

ia → ya（呀）　ie → ye（耶）　iao → yao（腰）

iou → you（忧）　ian → yan（烟）

iang → yang（央）　iong → yong（雍）

ua → wa（蛙）　uo → wo（窝）　uai → wai（歪）

uei → wei（威）　uan → wan（弯）　uen → wen（温）

uang → wang（汪）　ueng → weng（翁）

3. ü后面不管有没有元音，都在前面直接加y，ü上两点同时省略。例如：

ü → yu（迂）　üe → yue（约）

üan → yuan（冤）　ün → yun（晕）

y、w这样的用法规定，是为了在按词连写时起到分隔音节界限的作用。例如“da+i → dayi（大衣）”如果不加y，就可能误作“dai（带）”；“xian+ian → xianyan（鲜艳）”如果i不改成y，就可能误作“xianian（瞎念）”。“sheng+u → shengwu（生物）”如果不加w，可能误作“shengu（身故）”；“zhang+uang → zhangwang（张望）”如果u不改成w，就可能误作“zhanguang（沾光）”，“jiang+uai → jiangwai

（疆外）”则可能误作“jianguai（见怪）”。

二、隔音符号的用法

a、o、e 开头的音节，跟在任一音节后面与其连写时，需要用隔音符号（’）将这两个音节隔开。具体说来，分为以下三种情况：

1. 当 a、o、e 开头的音节和前边以 n、ng 收尾的音节相连时，应该用隔音符号。例如：

míng’é（名额）　　fáng’ài（妨碍）　　lián’ǒu（莲藕）　　yīn’àn（阴暗）

如果不用隔音符号，前一音节最后一个字母 n 或 g 容易被误认为是后一音节的声母，如“míng’é（名额）”被念成“mín（民）gé（格）”，“fáng’ài（妨碍）”被念成“fán（凡）gài（盖）”等。

2. 当 a、o、e 开头的音节和前边以 i、u、ü 收尾的音节相连时，也应该用隔音符号。例如：

jī’è（饥饿）　　yú’é（余额）　　pí’ǎo（皮袄）　　kù’ài（酷爱）

如果不用隔音符号，两个音节容易被误认成一个音节，如“jī’è（饥饿）”被念成“jiè（借）”，“pí’ǎo（皮袄）”被念成“piǎo（瞟）”等。

3. 当 a、o、e 开头的音节和前边除 i、u、ü 以外的其他元音收尾的音节相连时，即使不会发生界限混淆，人们通常也加上隔音符号，使音节之间的界限比较清楚。例如：

cǎo’àn（草案）　　jiā’ǒu（佳偶）　　xié’è（邪恶）　　Hā’ěrbīn（哈尔滨）

这些词的拼音，不用隔音符号的话，虽不至于被误读成一个音节，但元音相连，在视觉上难以产生清晰的印象，给人们的阅读带来困难，因此通常也使用隔音符号。

由此可见，隔音符号既是为了避免混淆音节之间的界限，也是为了拼音识读的方便。

三、ü 上两点的省略

当 j、q、x 和 ü 相拼时，ü 上两点要省略，写成 u。例如：

jū（居）　　qū（区）　　xū（虚）
juē（噘）　　quē（缺）　　xuē（靴）
juān（捐）　　quān（圈）　　xuān（宣）

jūn（均）　　qún（群）　　xūn（勋）

ü 上两点之所以可以省略，而不会和 u 相混，是因为声母 j、q、x 只能与以 ü 开头的撮口呼韵母相拼，而不会跟以 u 开头的合口呼韵母相拼。即使 ü 上两点省略，也不会发生混淆。因此，ju、que、xuan、jun等音节里的符号u只能代表ü而不会代表u。

值得注意的是，当 ü 跟 n、l 相拼时，上面的两点不能省略，仍要写成 ü，如“nǚ（女）、lǚ（吕）”等。这是因为 n、l 既能跟 ü 相拼，也能跟 u 相拼。如果 ü 跟 n、l 相拼时两点省略了，就会发生混淆。例如：

nǚ（女）— nǔ（努）　　nǜ（衄）— nù（怒）

lǘ（驴）— lú（炉）　　lǚ（吕）— lǔ（虏）　　lǜ（律）— lù（路）

同样，nüe 和 lüe 中 ü 上的两点也不能省略。例如：

nüè（虐、疟）— lüè（略、掠）

四、iou、uei、uen 的省写

iou、uei、uen 跟辅音声母相拼时，分别写作 iu、ui、un。例如：

n+iou → niu（妞）　　g+uei → gui（贵）　　l+uen → lun（轮）

五、标调法

1. 声调符号标在音节的主要元音（韵腹）上。例如：

pō（泼）　　tái（台）　　guā（瓜）　　xiào（笑）

fěn（粉）　　děng（等）　　qiān（千）　　chuàng（创）

2. 声调符号标在 i 上时，i 上的点省写。例如：

yì（意）　　qīn（亲）　　jǐng（警）　　tuì（退）

3. iou、uei 省写成 iu、ui 之后，声调符号标在后一个音素上。uen 省写成 un 之后，声调标在 u 上。例如：

qiú（求）　　duī（堆）　　hūn（昏）　　zhǔn（准）

4. 四声声调一律标本调，不标变调。但是在语音教学时可以按变调写。

5. 轻声音节不标声调符号。例如：

bēizi（杯子）　　mùtou（木头）　　rénmen（人们）　　lǎolao（姥姥）

kūlong（窟窿）　　xǐhuan（喜欢）　　késou（咳嗽）　　dàfang（大方）

六、分词连写

汉语的书面形式中词与词之间是没有空格的，因此从书面上不容易直观地区分出词来。而以词为书写单位，是用汉语拼音拼写普通话的基本规则。词内音节连写，词与词之间分写。[①] 例如：

Hēiyè gěile wǒ hēisè de yǎnjing, wǒ què yòng tā xúnzhǎo guāngmíng.

黑夜给了我黑色的眼睛，我却用它寻找光明。

七、字母大小写

句子开头的字母和诗歌每行开头的字母要大写。专有名词的第一个字母大写；由几个词组成的专有名词，每个词的第一个字母大写。姓和名分开写，开头字母都要大写。例如：

Lù Yísī shì ge Měiguórén, xiànzài zài Běijīng Yǔyán Dàxué xué Hànyǔ.

陆宜思是个美国人，现在在北京语言大学学汉语。

思考与练习五

一、填空。

1. 在听感上能够自然感知到的最小的语音单位是________，“我喜欢画画儿”这句话有________个汉字、________个音节。
2. 普通话音节由________、________和________三部分组成。
3. 在普通话音节结构中，________和________是必不可少的。
4. 跟四呼韵母都能相拼的声母是________，只能跟齐齿呼和撮口呼韵母相拼的声母是________。
5. “衣、牙、午、雨、饿”这些字的声母是________。
6. iou、uei 和 uen 同辅音声母相拼时，要省略________；它们自成音节（零声母音节）时，分别写作________、________和________。

---

① 根据《汉语拼音正词法基本规则》（GB/T 16159—2012）和《〈汉语拼音正词法基本规则〉解读》（教育部语言文字信息管理司组编，语文出版社，2013 年）的基本精神，本书中出现的所有双音节动宾型结构（包括离合词和短语）的拼音，按双音节韵律词模式处理，连写（若这些结构中间插入了其他成分，则分写）。这样处理，与汉语二语教学实践相契合，尤其是在教师教学或学习者自学成组用例时，方便其语音对照，避免给他们增加多余的困扰。

7. 齐齿呼、合口呼和撮口呼的韵母自成音节时，需要用________或________来隔音。

二、请将下列汉语音节的结构成分填入表中。

ér cuī wěn jūn jiē hùn xuǎn chuáng

结构方式 / 音节	声母	韵母			声调
		韵头	韵身		
			韵腹	韵尾	

三、指出下列音节的拼写错误，并按照普通话的声韵配合规律加以说明。

buō（波） ciǎo（巧） tō（拖） jà（价）

güè（倔） zīng（精） fuò（佛） kuàn（劝）

kuēng（昆） hò（河） ziě（姐） fī（飞）

四、根据普通话的声韵拼合规律，改正下列拼写错误。

siāosi（消息） jùfù（住户） qóngxīn（重新）

jànxē（间歇） qóngkuèn（穷困） dèiǒu（对偶）

xàolù（效率） qüèdìn（确定） hǒjù（火炬）

五、根据《汉语拼音方案》，改正下列拼写错误。

洋气 iángqì________ 淹留 iānlioú________ 留洋 lioúiáng________

有为 iǒuuèi________ 援用 üuániòng________ 玉液 yǜyiè________

泪水 luìsuěi________ 求救 qíujiòu________ 议论 ìluèn________

旅游 lǔyióu________　　沮丧 jǚsàng________　　追问 ziūwèn________
演员 iǎnüán________　　规矩 guéijü________　　论文 luènwún________
堤岸 dīàn________　　上颚 shàngè________　　议案 yìàn________

六、给下列词语标注拼音，注意拼写规则。

越野　委员　渔业　准运　抱怨
老翁　要务　向往　威武　弯曲

七、给下列词语标注拼音。

挨饿　木耳　超额　菱藕
昏暗　尘埃　棉袄　鱼饵

八、给下列音节标调。

水流 shuiliu　　娇贵 jiaogui　　水准 shuizhun　　附小 fuxiao
非法 feifa　　规律 guilü　　雪球 xueqiu　　群众 qunzhong

九、诵读下列零声母音节。

阿姨　暗纹　昂扬　遨游　牙印　厌恶　演艺
原样　洋溢　仰卧　咬牙　药丸　意味　音乐
影院　应邀　泳衣　有约　欲望　偶尔　渔翁

十、给下列句子标注拼音。

1. 我下个月要和同事一起去西安出差。
2. 这幅画儿是谁画的？
3. 李明下周一要去美国大使馆办理去夏威夷的旅游签证。
4. 温室里的娇贵花朵经不起风雨的严峻考验。
5. 明天早上我们去天安门广场看升旗。

十一、简答。

1. 普通话音节的拼读方法有哪些？请举例说明。
2. 不同的留学生对汉语语音的感知可能很不一样。来自韩国的朴英惠觉得汉语很好听，抑扬顿挫，像唱歌一样；来自美国的陆宜思则觉得汉语的高低升降变化太多，很拗口，学起来也很困难。你觉得是汉语语音的什么特点让她们有这样的感觉？

3. 有的留学生认为，汉语语音的内容是简单的，学了声母、韵母和声调，再学会如何拼读音节，就可以读出音节、学会说话了。你觉得这种看法对吗？

十二、思考。

1. 对照你所学过的一门外语，看看汉语的音节跟这门外语的音节有什么不同。
2. 不少留学生在学习像“jū（居）、qū（区）、xū（虚）、yū（迂）、yuē（约）”这样的音节时，常把其中的“u”读成 [u] 而拼错。老师告诉他们，这里的 u 其实是 ü 省去了两点，在实际读音中要还原成 ü。于是，当他们碰到“lù（路）、nǔ（努）”时，常常将其中的 u 换成 ü，念作“lǜ”和“nǚ”，结果又错了。他们很是烦恼，这到底是怎么回事呢？老师应该怎样帮助他们解决这一问题？

第六章 音 变

人们在说话时，并不是孤立地发出一个一个的音节，而是把一连串的音节组合起来形成自然的“语流”。音和音组合的时候，或者受到邻近音的影响，或者由于说话时快慢、高低、强弱的不同，可能会发生不同程度的变化。这就是**音变**现象。语音教学关注的是受邻近音影响而发生的变化。普通话中受邻近音影响的音变现象主要有两种情况：一种是词语内部形态所要求的语音变化，主要是轻声词和儿化词中的音变现象；另一种是在语流中由于受邻近音的影响，某个音发生一定变化的语音现象，叫作**语流音变**，也叫连读音变，主要表现为连读变调等。下面分别说明。

第一节 轻 声

一、轻声的性质

普通话里的每个汉字都有自己的声调，但在语流中，某些音节失去原有的声调，念得又短又轻，这就是**轻声**。通常把这些读轻声的字叫作**轻声字**。例如“子（zǐ）、边（biān）、来（lái）”都有自己的声调（原调），但是它们在“孩子（háizi）、东边（dōngbian）、进来（jìnlai）”这些词里，语音都发生了变化，变成了又短又轻的轻声。

轻声不是普通话四种声调之外的第五种声调，它是四声在语流当中的一种音变现象。在拼写音节时，轻声音节不标调。轻声在语音上会发生一定的变化，在音高、音长、音强和音色方面常常会体现出跟原调不太一样的地方。下面分别进行说明。

（一）轻声的音高变化

轻声最明显的变化体现在音高上。轻声音节的调值不再是原来音节的调值，也不是一个固定的独立调值，而是受前一个音节的声调影响发生变化后的相对调值。如“头”作为轻声字，在“跟头（gēntou）、锄头（chútou）、骨头（gǔtou）、对头

（duìtou）”中的调值各不相同。一般来说，普通话四声后的轻声调值变化如下（[ ] 里的数值是相对调值）：

阴平 [55] + 轻声 [2]：东西　叔叔　身子　飞来　多么

阳平 [35] + 轻声 [3]：含糊　伯伯　鼻子　回来　什么

上声 [214] + 轻声 [4]：老实　婶婶　膀子　起来　怎么

去声 [51] + 轻声 [1]：动静　舅舅　肚子　进来　那么

这种轻声音节调值的变化看起来似乎很复杂，其实有较强的规律性：前面音节调值起点高的，轻声音节的调值就低；前面音节调值起点较低的，轻声音节的调值就较高；前面音节调值起点居中的，轻声音节的调值也居中。因此，我们记住大致的趋势就可以了：当前面的字是上声时，轻声字的音调较高；当前面的字是其他声调时，轻声字的音调较低。

（二）轻声的音长和音强变化

轻声除了音高有显著变化之外，在音长和音强上也有一些变化。在实际发音中，轻声的音长明显短于非轻声音节，发音时长缩短了一半左右。音长一缩短，原来的调值就不能保持不变，同时音强变弱以至表现得不明显。如我们能感觉得到，“动静（dòngjing）”中的“静”发轻声时比读原调的“静（jìng）”音长要短一些，音强要弱一些。

注意，由于轻声音节念得比较短，前面一个音节就比单念时要长一些，但两个音节的长度之和仍跟念原调时大体相同。如“生意（shēngyì）”和“生意（shēngyi）”这两个词的音节总长度基本相等。这是受汉语词汇以双音节为基本节奏单位这一影响而造成的。因此，练习普通话轻声词时，要有意地将前面一个音节稍微读长一些、重一些，轻声字自然就念得短一些、轻一些了。有人用“突然停止”或“紧一下喉咙”的方式来读轻声字，以期达到“短”的效果，这是不正确的。

（三）轻声的音色变化

轻声音节不仅引起音高、音长和音强的变化，还会引起某些音的音色变化，在声母和韵母上都有所体现。

轻声音节读得又轻又短，有时造成声母由清辅音浊化而变成浊辅音。例如：

喇叭 [pᴀ] → [bᴀ]　　讲究 [tɕiəu] → [dʑiəu]

有的音节轻读后，韵母会发生向央元音 [ə] 靠近的变化。例如：

棉花 [xuᴀ] → [xuə]　　这个 [kɤ] → [kə]

有一些音节在读成轻声后，整个韵母都丢掉了。例如：

你们 [men] → [m]　　　豆腐 [fu] → [f]

注意，虽然轻声字的声母或韵母发生了变化，但在拼写音节时，仍然按原来的声韵配合情况来标写，只是不标声调以显示是轻声字。上面这些词的汉语拼音是：

喇叭（lǎba）　　讲究（jiǎngjiu）

棉花（miánhua）　　这个（zhège）

你们（nǐmen）　　豆腐（dòufu）

需要说明的是，实际交际中人们对这些声音本身的变化一般不太注意，而且大多也并不是非变不可的。越是口语色彩重的交际场合，这些音变出现得越多。因此，对于母语为非汉语者的初学者来说，除了一些常见的能够区别词义、词性的轻声词外，一般不必专门去练习和记忆。当然，到了一定的学习阶段，是需要记住一些常见的轻声词的。

二、轻声词的范围

轻声词在现代汉语普通话中的数量比较多，有不少常用双音节词的第二个音节习惯上念轻声。有人调查过，在现代汉语中，平均每说 5 到 7 个词就有一个是轻声。一般说来，新词、专业术语中很少有轻声音节，轻声词大多是口语中的常用词。其中，有一些轻声词跟词汇、语法密切相关，具有一定的规律性。另外也有一些规律性不强的，需要学习者将常见的记住。

（一）具有较强规律性的轻声词

1. 主要起语法作用的成分：

（1）语气词，如“吧、吗、呢、啊、呗、喽、着呢”等。例如：

来吧　喜欢吗　你呢　是啊　高兴呗　好喽　烦着呢

（2）助词“的、地、得”和“着、了、过”。例如：

他的书　认真地　读得好　听着音乐　写了作业　去过纽约

（3）名词、代词的后缀“子、头、儿”和“们、么”。例如：

包子　后头　孙儿　你们　这么

（4）某些量词，如“个”。例如：

三个　吃个新鲜

一些常用量词在日常表达中也常常读得比较轻。例如：

买张报纸　做把椅子

（5）用在名词或代词后面表示方位的词，如“上、下、里、面、边”等。例如：

山上　地下　房间里　前面　西边

（6）用在动词、形容词后表示趋向的词（即趋向补语），如“来、去、出来、进去、起来、下来”等。例如：

进来　回去　哭出来　放进去　亮起来　黑下来

（7）动词重叠式的后一个音节。例如：

试试　瞧瞧　到处走走　我再想想

（8）重叠动词中的“一”和“不”，以及动词和补语之间的“不”。例如：

尝一尝　忙不忙　学不会　听不懂

2. 部分四音节词语里的衬字。例如：

傻里傻气　酸不溜丢　丁零当啷

3. 音节重叠的亲属称谓词中的第二个音节。例如：

爷爷　奶奶　爸爸　妈妈　姐姐　妹妹

上面的类型看起来复杂多样，实际上它们具有一个共同的特征，那就是词汇意义比较虚的成分容易念轻声。词汇意义越虚，读音越弱，念轻声的可能性就越大。这样的规律能够深化我们对轻声性质的理解，也有助于认识、理解一些词汇现象和语法现象。其实，各个语言中读得比较弱、比较轻的音节，也大体如此。比如，英语中的 of[ɔv] 是一个介词，词义较虚，在语流中前面的元音 [ɔ] 常常弱化成 [ə]，of 读为 [əv]。因此，我们在学习一种新的语言的语音系统时，可以拿母语的语音系统进行有效的比较，找到系统之间的共性，提升对语言规律的认识，从而加快学习的进度。当然，这种比较只是在大的原则层面来指导自己的语音实践，而不是拿具体的音节、音素来比照，否则容易出现母语的负迁移情况。

（二）一般的轻声词

普通话中还有一些常用双音节词的第二个音节习惯上念轻声，不过它们之间没有明显的共性，也没有什么规律可循，只有经常读、经常用才能掌握。例如：

爱人　帮手　朋友　苍蝇　大夫　窗户　灯笼
生意　笑话　甘蔗　关系　知识　力气　困难
打算　欺负　认识　见识　凑合　告诉　明白
商量　委屈　应酬　张罗　招呼　耽误　答应
厚道　活泼　利落　马虎　苗条　漂亮　热闹
勤快　老实　秀气　白净　大方　便宜　糊涂

三、轻声的作用

轻声这种音变现象，跟词汇、语法有密切的关系，有些词的轻声具有区别词义、区分词性等作用。

（一）区别词义

轻声与否，词义不同。例如：

地下 dìxià（地面之下，地层内部）：这儿有个地下商场。

dìxia（地面上）：钢笔掉在地下了。

兄弟 xiōngdì（哥哥和弟弟）：他们兄弟二人都很孝顺父母。

xiōngdi（用亲切的口气称呼年纪比自己小的男子）：兄弟，帮个忙。

精神 jīngshén（人的意识、思维活动和一般心理状态）：他有很大的精神负担。

jīngshen（表现出来的活力）：小杨今天精神焕发。

（二）区分词性

轻声与否，词性不同，进而也使词义有了区别。例如：

大方 dàfāng（名词，专家学者、内行人）：贻笑大方。

dàfang（形容词，不吝啬）：他出手很大方。

人家 rénjiā（名词，住户）：这个村子有百十户人家。

rénjia（代词，自己或某人以外的人）：你才来，人家等你好半天了。

多少 duōshǎo（副词，或多或少）：这句话多少有些道理。

duōshao（疑问代词，问数量）：你们班有多少学生？

（三）区分词和短语

有的音节轻声与否造成语言单位性质的差异，形成了词和短语/离合词的区别。例如：

运气 yùn qì（短语，把力气贯注到身体某一部分）：他一运气就把大石头搬了起来。

yùnqi（名词，命运）：运气不佳。

用人 yòngrén（离合词，选择与使用人员）：用人不当。

yòngren（名词，仆人）：女用人。

丧气 sàngqì（离合词，因事情不顺利而情绪低落）：垂头丧气。

sàngqi（名词，倒霉，不吉利）：丧气话。

四、轻声的常见偏误及教学方法

母语为非汉语的学习者在学习普通话的轻声时，一般容易在两个方面出现偏误：一是对某个具体轻声词的发音调值把握不准，二是不清楚哪些词该发轻声。

汉语的轻声音节没有固定的调值，需要根据前面一个音节的调值做出相应的调整。对于母语为非汉语的学习者来说，如何根据前一个音节的调值来发出准确的轻声调值，牢记变调规则，具有一定的难度。比如，日语没有轻声，日本学生在发音和听觉上对轻声都不敏感，经常出现轻声调值发音不到位的偏误，更谈不上将轻声与非轻声这两种调值的形式和意义区分清楚了。此时，应该提醒学生要有意识地记住那些有规律性的、必须要读轻声的词，如常用的助词、语气词、词缀等，并且在发音时将轻声调值发到应有的高度。

学习者经过一段时间的训练之后，掌握轻声调值的发音应该不难，难就难在需要记住哪些词要发轻声。因此，识记常用的轻声词就显得特别重要。有一些轻声词规律性不强，在口语里经常读轻声，不读轻声也不影响意义表达，只是听起来感觉不自然，例如“清楚、干净、明白、告诉、咳嗽、休息”等。对于这些词，学习者可以将它们放入一定的日常会话中，在会话中常读、常用，才能发得地道。而对于那些与词义和词性密切相关的轻声词，如“兄弟、大方”等，在学习时一定要注意区分，不能混淆。

五、《汉语国际教育用音节汉字词汇等级划分》中的轻声词

为便于大家对具体的轻声词在不同等级中的分布情况有个全面的了解，我们这里将中华人民共和国教育部、国家语言文字工作委员会 2010 年 10 月 19 日发布，2011 年 2 月 1 日开始实施的语言文字规范（GF0015—2010）《汉语国际教育用音节汉字词汇等级划分》（北京语言大学出版社，2010 年）中所有的轻声词整理了出来，按词汇等级陈列如下。[①]

（一）初级词汇

啊 a

爱人 àiren

爸爸 bàba

吧 ba

包子 bāozi

杯子 bēizi

北边 běibian

被子 bèizi

本事 běnshi

本子 běnzi

① 本章中摘录的《汉语国际教育用音节汉字词汇等级划分》里的轻声词、儿化词，所有拼音的标注（包括声调、分合写等）均依从原文。谨此说明。

比方 bǐfang
别的 biéde
别人 biéren
不好意思 bù hǎoyìsi
部分 bùfen
差不多 chàbuduō
长处 chángchu
车上 chē shang
出来 chūlai
出去 chūqu
除了 chúle
传来 chuánlai
窗子 chuāngzi
答应 dāying
打听 dǎting
大部分 dà bùfen
大人 dàren
大夫 dàifu
带来 dàilai
地 de
的 de
的话 dehuà
得 de
底下 dǐxia
地方 dìfang
地上 dìshang
弟弟 dìdi
东边 dōngbian
东西 dōngxi
懂得 dǒngde
短处 duǎnchu
对不起 duìbuqǐ
多么 duōme
多少 duōshao
儿子 érzi
房子 fángzi
放下 fàngxia
费用 fèiyong
干什么 gàn shénme
告诉 gàosu
哥哥 gēge
工夫 gōngfu
功夫 gōngfu
姑娘 gūniang
故事 gùshi
关上 guānshang
过来 guòlai
过去 guòqu
还是 háishi
孩子 háizi
好处 hǎochu
后边 hòubian
护士 hùshi
坏处 huàichu
回来 huílai
回去 huíqu
基本上 jīběn shang
…极了…jí le
记得 jìde
加上 jiāshang
家里 jiāli
见过 jiànguo

饺子 jiǎozi
结实 jiēshi
接着 jiēzhe
姐姐 jiějie
进来 jìnlai
进去 jìnqu
精神（形）jīngshen
句子 jùzi
觉得 juéde
看来 kànlai
筷子 kuàizi
困难 kùnnan
老太太 lǎotàitai
了 le
里边 lǐbian
里头 lǐtou
例子 lìzi
凉快 liángkuai
留下 liúxia
路上 lùshang
妈妈 māma
麻烦 máfan
吗 ma
没关系 méi guānxi
没什么 méi shénme
妹妹 mèimei
们（朋友们）men（péngyoumen）
名字 míngzi
明白 míngbai
哪里 nǎli
那里 nàli
那么 nàme
那时候 nà shíhou
奶奶 nǎinai
男朋友 nánpéngyou
南边 nánbian
脑子 nǎozi
呢 ne
你们 nǐmen
女朋友 nǚpéngyou
暖和 nuǎnhuo
牌子 páizi
朋友 péngyou
便宜 piányi
漂亮 piàoliang
瓶子 píngzi
起来 qǐlai
前边 qiánbian
清楚 qīngchu
人家 rénjia
人们 rénmen
认识 rènshi
任务 rènwu
日子 rìzi
沙子 shāzi
商量 shāngliang
上边 shàngbian
上来 shànglai
上去 shàngqu
身上 shēnshang
什么 shénme
什么样 shénmeyàng

生意 shēngyi
石头 shítou
时候 shíhou
实际上 shíjìshang
实在（形）shízai
事情 shìqing
事实上 shìshí shang
是不是 shì bu shì
舒服 shūfu
他们 tāmen
它们 tāmen
她们 tāmen
太太 tàitai
态度 tàidu
天上 tiānshang
头（木头）tou（mùtou）
外边 wàibian
晚上 wǎnshang
网上 wǎngshang
为了 wèile
为什么 wèi shénme
我们 wǒmen
屋子 wūzi
西边 xībian
喜欢 xǐhuan
下边 xiàbian
下来 xiàlai
下去 xiàqu
先生 xiānsheng
显得 xiǎnde
消息 xiāoxi
小时候 xiǎoshíhou
笑话 xiàohua
笑话儿 xiàohuar
谢谢 xièxie
心里 xīnli
星星 xīngxing
行李 xíngli
休息 xiūxi
学生 xuésheng
样子 yàngzi
要是 yàoshi
爷爷 yéye
夜里 yèli
衣服 yīfu
一部分 yí bùfen
一下子 yíxiàzi
椅子 yǐzi
意思 yìsi
有的 yǒude
有的是 yǒudeshì
有时候 yǒushíhou
有意思 yǒu yìsi
右边 yòubian
院子 yuànzi
月亮 yuèliang
咱们 zánmen
早晨 zǎochen
早上 zǎoshang
怎么 zěnme
怎么办 zěnme bàn
怎么样 zěnmeyàng

这里 zhèli

这么 zhème

这时候 zhè shíhou

着 zhe

真的 zhēnde

知识 zhīshi

种子 zhǒngzi

主意 zhǔyi

桌子 zhuōzi

子（刀子）zi（dāozi）

左边 zuǒbian

坐下 zuòxia

（二）中级词汇

岸上 àn shang

案子 ànzi

罢了 bàle

背着 bèizhe

鼻子 bízi

玻璃 bōli

不在乎 búzàihu

不怎么 bù zěnme

叉子 chāzi

车子 chēzi

城里 chéng li

池子 chízi

尺子 chǐzi

虫子 chóngzi

穿上 chuānshang

窗户 chuānghu

打扮 dǎban

打发 dǎfa

大方 dàfang

得了 déle

地下 dìxia

豆腐 dòufu

肚子 dùzi

队伍 duìwu

对付 duìfu

恶心 ěxin

耳朵 ěrduo

赶上 gǎnshang

稿子 gǎozi

骨头 gǔtou

官司 guānsi

柜子 guìzi

海上 hǎi shang

合同 hétong

核桃 hétao

盒子 hézi

胡子 húzi

剪子 jiǎnzi

讲究 jiǎngjiu

交朋友 jiāo péngyou

教训 jiàoxun

街上 jiēshang

镜子 jìngzi

看不起 kànbuqǐ

看得见 kàn de jiàn

看得起 kàndeqǐ

客气 kèqi
口袋 kǒudai
裤子 kùzi
快活 kuàihuo
来不及 láibují
来得及 láidejí
老朋友 lǎo péngyou
老婆 lǎopo
老实 lǎoshi
离不开 lí bu kāi
力气 lìqi
厉害 lìhai
脸上 liǎn shang
粮食 liángshi
了不起 liǎobuqǐ
轮子 lúnzi
逻辑 luóji
码头 mǎtou
买卖 mǎimai
馒头 mántou
帽子 màozi
免得 miǎnde
面子 miànzi
模糊 móhu
那个 nàge
哪 na
脑袋 nǎodai
能不能 néng bu néng
盘子 pánzi
胖子 pàngzi
脾气 píqi
骗子 piànzi
妻子 qīzi
欺负 qīfu
卡子 qiǎzi
前头 qiántou
墙上 qiáng shang
茄子 qiézi
情形 qíngxing
热闹 rènao
忍不住 rěn bu zhù
认得 rènde
山上 shān shang
扇子 shànzi
上个月 shàng ge yuè
舌头 shétou
舍不得 shěbude
舍得 shěde
身份 shēnfen
剩下 shèngxia
师父 shīfu
师傅 shīfu
使得 shǐde
似的 shìde
收拾 shōushi
手里 shǒu li
手指头 shǒuzhítou
受不了 shòu bu liǎo
叔叔 shūshu
刷子 shuāzi
说不定 shuōbudìng
算了 suàn le

随着 suízhe
岁数 suìshu
孙子 sūnzi
踏实 tāshi
台上 tái shang
停下 tíngxia
头发 tóufa
娃娃 wáwa
袜子 wàzi
哇 wa
外头 wàitou
完了 wán le
尾巴 wěiba
下个月 xià ge yuè
箱子 xiāngzi
想不到 xiǎngbudào
相声 xiàngsheng
小伙子 xiǎohuǒzi
晓得 xiǎode
薪水 xīnshui
学问 xuéwen
鸭子 yāzi
呀 ya
沿着 yánzhe
眼睛 yǎnjing
眼里 yǎnli
要么 yàome
叶子 yèzi
一辈子 yíbèizi
一路上 yílù shang
意味着 yìwèizhe
迎来 yínglai
影子 yǐngzi
用不着 yòng bu zháo
用处 yòngchu
用得着 yòng de zháo
用来 yònglai
有着 yǒuzhe
月饼 yuèbing
运气 yùnqi
在乎 zàihu
扎实 zhāshi
丈夫 zhàngfu
招呼 zhāohu
指甲 zhījia
指头 zhítou
指着 zhǐzhe
竹子 zhúzi
柱子 zhùzi
自在 zìzai

（三）高级词汇

挨着 āizhe
把手 bǎshou
办不到 bàn bu dào
报酬 bàochou
本着 běnzhe
比不上 bǐ bu shàng
别提了 biétí le
别扭 bièniu

伯伯 bóbo
脖子 bózi
不由得 bùyóude
不怎么样 bù zěnmeyàng
苍蝇 cāngying
铲子 chǎnzi
朝着 cháozhe
趁着 chènzhe
称呼 chēnghu
吃不上 chī bu shàng
抽屉 chōuti
出息 chūxi
吹了 chuī le
锤子 chuízi
辞去 cíqu
凑合 còuhe
打官司 dǎ guānsi
打交道 dǎ jiāodao
打量 dǎliang
打招呼 dǎ zhāohu
大体上 dàtǐ shang
大爷 dàye
大意（形）dàyi
耽误 dānwu
胆子 dǎnzi
担子 dànzi
当着 dāngzhe
倒下 dǎoxia
灯笼 dēnglong
凳子 dèngzi
笛子 dízi
地道 dìdao
点心 diǎnxin
点子 diǎnzi
钉子 dīngzi
动不动 dòngbudòng
动静 dòngjing
动弹 dòngtan
豆子 dòuzi
对得起 duìdeqǐ
发脾气 fā píqi
风筝 fēngzheng
疯子 fēngzi
福气 fúqi
斧子 fǔzi
盖子 gàizi
干事 gànshi
胳膊 gēbo
鸽子 gēzi
格式 géshi
个子 gèzi
跟不上 gēn bu shàng
跟上 gēnshang
公道 gōngdao
钩子 gōuzi
姑姑 gūgu
固执 gùzhi
顾不得 gù bu ·dé
顾不上 gù bu shàng
寡妇 guǎfu
怪不得 guàibude
怪物 guàiwu

管子 guǎnzi
罐头 guàntou
规矩 guīju
棍子 gùnzi
过不去 guòbuqù
过日子 guò rìzi
行家 hángjia
和气 héqi
和尚 héshang
恨不得 hènbude
红火 hónghuo
后头 hòutou
厚道 hòudao
忽悠 hūyou
糊涂 hútu
怀里 huái li
怀着 huáizhe
换上 huànshang
皇上 huángshang
机灵 jīling
脊梁 jǐliang
记号 jìhao
家伙 jiāhuo
架子 jiàzi
见识 jiànshi
戒指 jièzhi
金子 jīnzi
禁不住 jīnbuzhù
紧接着 jǐn jiēzhe
舅舅 jiùjiu
橘子 júzi
卷子 juànzi
看得出 kàn de chū
看热闹 kàn rènao
看样子 kàn yàngzi
咳嗽 késou
可不是 kě bu shì
口子 kǒuzi
窟窿 kūlong
宽敞 kuānchang
喇叭 lǎba
懒得 lǎnde
老人家 lǎorenjia
老字号 lǎozìhao
姥姥 lǎolao
姥爷 lǎoye
两口子 liǎngkǒuzi
聋子 lóngzi
笼子 lóngzi
炉子 lúzi
路子 lùzi
萝卜 luóbo
落下 luòxia
马虎 mǎhu
买不起 mǎi bu qǐ
忙活 mánghuo
没说的 méishuōde
没意思 méi yìsi
玫瑰 méigui
眉毛 méimao
棉花 miánhua
免不了 miǎnbuliǎo

名气 míngqi
蘑菇 mógu
牡丹 mǔdan
木匠 mùjiang
难处 nánchu
能耐 néngnai
念头 niàntou
女婿 nǚxu
盘算 pánsuan
碰上 pèngshang
片子 piānzi
篇幅 piānfu
凭着 píngzhe
钳子 qiánzi
瞧不起 qiáobuqǐ
亲戚 qīnqi
勤快 qínkuai
圈子 quānzi
裙子 qúnzi
嗓子 sǎngzi
嫂子 sǎozi
上头 shàngtou
少不了 shǎobuliǎo
身子 shēnzi
绳子 shéngzi
狮子 shīzi
柿子 shìzi
书记 shūji
梳子 shūzi
疏忽 shūhu
顺着 shùnzhe
说白了 shuō bái le
说不上 shuōbushàng
说道 shuōdao
说真的 shuō zhēnde
踏上 tàshang
谈不上 tán bu shàng
毯子 tǎnzi
讨人喜欢 tǎo rén xǐhuan
梯子 tīzi
甜头 tiántou
帖子 tiězi
妥当 tuǒdang
挖苦 wāku
忘不了 wàng bu liǎo
委屈 wěiqu
位子 wèizi
蚊子 wénzi
媳妇 xífu
下工夫 xià gōngfu
吓唬 xiàhu
乡下 xiāngxia
向着 xiàngzhe
小气 xiǎoqi
心里话 xīnli huà
心思 xīnsi
醒来 xǐnglai
丫头 yātou
燕子 yànzi
养活 yǎnghuo
钥匙 yàoshi
遇上 yùshang

冤枉 yuānwang
渣子 zhāzi
帐篷 zhàngpeng
帐子 zhàngzi
招牌 zhāopai
兆头 zhàotou
折腾 zhēteng
枕头 zhěntou
芝麻 zhīma
知识分子 zhīshi fènzǐ
指望 zhǐwang
爪子 zhuǎzi
庄稼 zhuāngjia
状元 zhuàngyuan
总的来说 zǒngde lái shuō
祖宗 zǔzong
嘴巴 zuǐba
琢磨 zuómo
做生意 zuò shēngyi

（四）高级“附录”词汇

爱面子 ài miànzi
暗地里 àndìli
巴不得 bābude
靶子 bǎzi
摆设 bǎishe
帮手 bāngshou
包袱 bāofu
比试 bǐshi
辫子 biànzi
出风头 chū fēngtou
出主意 chū zhǔyi
伺候 cìhou
大大咧咧 dàdaliēliē
耽搁 dānge
提防 dīfang
底子 dǐzi
垫子 diànzi
哆嗦 duōsuo
分寸 fēncun
敢情 gǎnqing
告示 gàoshi
棺材 guāncai
闺女 guīnü
含糊 hánhu
好家伙 hǎojiāhuo
晃荡 huàngdang
豁出去 huōchuqu
火候 huǒhou
祸害 huòhai
架势 jiàshi
嫁妆 jiàzhuang
交情 jiāoqing
节气 jiéqi
唠叨 láodao
老实说 lǎoshi shuō
利索 lìsuo

帘子 liánzi
溜达 liūda
卖弄 màinong
门路 ménlu
苗条 miáotiao
苗头 miáotou
碰钉子 pèng dīngzi
上司 shàngsi
使唤 shǐhuan
世故 shìgu
爽快 shuǎngkuai
说老实话 shuō lǎoshi huà
私房钱 sīfangqián
稀罕 xīhan
猩猩 xīngxing
靴子 xuēzi
阎王 Yánwang
秧歌 yāngge
椰子 yēzi
一揽子 yìlǎnzi
益处 yìchu
应酬 yìngchou
硬朗 yìnglang
有两下子 yǒu liǎng xiàzi
真是的 zhēnshide
转悠 zhuànyou
壮实 zhuàngshi
粽子 zòngzi
钻空子 zuān kòngzi

第二节　儿　化

普通话中“儿”的使用有两种情况：一是由卷舌元音 er 自成音节的“儿（ér）”，有具体的意义，如“儿子、儿歌、儿戏、女儿、婴儿”中的“儿”；二是跟在其他音节的后面，没有具体意义的“儿”，如“眼儿、洞儿、一块儿、好玩儿”中的“儿”。这个“儿”不能自成音节，只能使前一个音节的韵母带上卷舌动作。这种使一个音节中的韵母带上卷舌色彩的音变现象叫“**儿化**”，产生卷舌作用的韵母就叫“**儿化韵**”或“卷舌韵”。

用汉语拼音来拼写儿化音节时，只需在原来的音节后面直接加上一个表示卷舌作用的“r”就可以了，如“niǎor、jiānr、xiǎoqǔr、huāyàngr”等。在用汉字书写儿化的字词时，需要在相应的汉字后面加“儿”，如前面这几个音节分别写作“鸟儿、尖儿、小曲儿、花样儿”。有时为了与表示具体意义的“儿”相区别，将儿化韵中的“儿”写得小一些，即“鸟儿、尖儿、小曲儿、花样儿”，甚至不写出来。

一、儿化韵的发音

除了单韵母 ê 和自成音节的 er 外，普通话的韵母都可以儿化。韵母儿化时，其读音会发生一定的变化，具体变化情况取决于韵腹和韵尾的音素性质，韵头一般没有变化。表 6-1 中总结了儿化的基本规律：

表 6-1　儿化音变规律简表

韵母	儿化时的变化规律	例词	
		写法	读法
无韵尾且韵腹是 a、o、e；韵母或韵尾是 u①（即以 a、o、e、u 结束的韵母）	直接加卷舌动作	号码儿　hàomǎr 小说儿　xiǎoshuōr 饭盒儿　fànhér 半截儿　bànjiér 水珠儿　shuǐzhūr 面条儿　miàntiáor	[mᴀ → mᴀr] [ʂuo → ʂuor] [xɤ → xɤr] [tɕiɛ → tɕiɛr] [tʂu → tʂur] [t^{h}iau → t^{h}iaur]
韵母是 i 或 ü	加央元音 [ə]，再加卷舌动作	小鸡儿　xiǎojīr 毛驴儿　máolǘr	[tɕi → tɕiər] [ly → lyər]
韵母是舌尖元音 -i[ɿ、ʅ]	变成央元音 [ə]，再加卷舌动作	瓜子儿　guāzǐr 树枝儿　shùzhīr	[tsɿ → tsər] [tʂʅ → tʂər]
韵尾是 i 或 n	韵尾丢失，有的韵腹向央元音靠拢；in 和 ün 丢掉韵尾后，加上央元音 [ə]。再加卷舌动作	小孩儿　xiǎoháir 老伴儿　lǎobànr 宝贝儿　bǎobèir 纳闷儿　nàmènr 口信儿　kǒuxìnr 花裙儿　huāqúnr	[xai → xar] [pan → par] [pei → pər] [mən → mər] [ɕin → ɕiər] [tɕ^{h}yn → tɕ^{h}yər]
韵尾是 ng	韵尾丢失，元音鼻化；有 i 韵腹的丢掉韵尾后，加 [ə̃]。再加卷舌动作	香肠儿　xiāngchángr 吭声儿　kēngshēngr 人影儿　rényǐngr 小熊儿　xiǎoxióngr	[tʂ^{h}aŋ → tʂ^{h}ãr] [ʂəŋ → ʂə̃r] [iŋ → iə̃r] [ɕyŋ → ɕỹr]

从表 6-1 可以看出，儿化韵母的音变，是伴随着脱落（有的韵尾丢失）、增音（有的增加央元音）、更换（有的韵母有变化）和同化（有的发音方法变得相近）等现象的。表面上纷繁复杂的儿化现象，其实具有较强的规律性，主要体现出下面两条规律：

---

① ao、iao 中韵尾的实际读音是 [u]，如"桃 [t^{h}au]、条 [t^{h}iau]"。

1. 有些韵母最后一个音素开口度较大、舌位较低或较后，如 ɑ、o、e[ɛ]、e[ɤ]、u 等，发音时能比较方便地把舌头卷起来，儿化时就直接加 -r。

2. 有些韵母最后一个音素开口度较小，如舌位前而高的元音（i、ü、e[e]）、舌尖元音（-i[ɿ、ʅ]）和鼻韵尾（n、ng），发这些音时要想将舌头自然地卷起来很难，要儿化就得用一些策略来调节：或丢失韵尾，或加央元音 [ə] 过渡，或变成央元音 [ə]，然后再加 -r。具体采取哪种策略，也是根据音素组合时是否有利于自然发音。

有了这样的认识，我们就比较容易记住这张儿化音变规律简表了。其实，最直接而有效的办法就是自己发一发某个音节，再尝试着发到音节后半段时将舌尖卷起来，看此时发音方便不方便，不方便时又是如何解决的，就比较清楚了，一般是不需要死记硬背的。

另外，总的来说，儿化词大多用于单音节的口语词，多数双音节或多音节词不用儿化也可以（那些儿化词能够区别词义或词性的情况除外）。

二、儿化的作用

跟轻声现象一样，儿化这种音变现象也跟词汇、语法有密切的关系，具有区别词义、区分词性等作用，有的儿化词还有特殊的感情色彩。

（一）区别词义

儿化与否，词义不同。例如：

眼（人和动物的视觉器官：眼睛）— 眼儿（小洞，窟窿：泉眼儿）
天（天空：顶天立地）— 天儿（时候：天儿还早呢；天气：天儿不错）
过节（庆祝节日：农村过节很热闹）— 过节儿（嫌隙：他俩有过节儿）
火星（行星名：火星计划）— 火星儿（很小的火：炉子里的火星儿迸出来了）
白面（小麦磨成的粉：白面馒头）— 白面儿（海洛因：千万别吸白面儿）

（二）区分词性

儿化与否，词性不同，进而也使词义有了区别。例如：

垫（动词，用东西支、铺或衬：垫高一点）— 垫儿（名词，垫子：鞋垫儿）
短（动词，缺少，欠：缺斤短两）— 短儿（名词，缺点：护短儿）
热闹（形容词，繁盛活跃：十分热闹）— 热闹儿（名词，热闹的景象：看热闹儿）

个（量词：一个苹果）— 个儿（名词，身体或物体的大小：大高个儿）

串（动词，连贯：串讲）— 串儿（名词，连贯起来的东西：羊肉串儿）—

串儿（量词，用于连贯起来的东西：两串儿糖葫芦）

儿化后的词绝大多数都是名词，只有少数例外。

（三）儿化后词语色彩发生变化

儿化词常用来表达小、亲切、喜爱等感情色彩。例如：

一丁点儿　小缝儿　黄瓜丝儿　针眼儿　——表示小

小张儿　宝贝儿　小孩儿　老伴儿　——表示亲切

心肝儿　小曲儿　有趣儿　鲜花儿　——表示喜爱

但也有些儿化词可以表达与小称、爱称相反的感情色彩，如憎恶、嫌弃等。例如：

小偷儿　混混儿　傻帽儿　受气包儿　下三滥儿

动词儿化或动词的修饰成分儿化，还可以表达和缓的感情色彩。例如：

有空来玩儿　慢慢儿走　悄悄儿地说

当然，还有很多儿化词只是一种口语表达，表达的是特定的语言风格色彩，并没有多少特殊的感情色彩。例如：

哪儿　球拍儿　鞋带儿　刀片儿　笔尖儿　背心儿

对联儿　锅贴儿　火苗儿　慌神儿　揭短儿　没准儿

注意，儿化是汉语中一种特殊的音变现象，它带有较多的地域方言色彩：中国的南方一般较少说儿化韵；在北方，尤其是北京，儿化词比较普遍。对说北京话的人来说，有很多词的儿化只是出于一种语言习惯，它们并不具有上面所说的儿化韵的特定功能。因此，对一般学习者而言，具有区别词义和词性作用的儿化词是必须掌握的，其他的只要了解即可。

三、儿化的常见偏误及教学方法

儿化是一种非常口语化的语音现象，在比较正式的场合一般不用。因此，有的儿化词在正式场合就需要换另一个词来表达。如“门儿（ménr）”，在一般性的口头交际场合可以说“打网球我总算摸着门儿了”，而在正式场合就只能说“打网球我总算找到方法了”之类的话。有不少留学生学了儿化韵后，在一些比较正式的场合也使用，这是不合适的。

在发普通话的儿化韵时，母语非汉语者一般都发不出或发不准儿化韵。有的不会卷舌；有的卷舌动作不够舒展或完整；有的卷舌又卷得太晚，发出来的音像两个音节，没有融合为一个音节，如把“xiǎoháir（小孩儿）”读成“xiǎohái’ér”；还有的对韵母儿化时读音会发生的变化不太清楚，发出来的儿化韵很生硬，不自然；等等。

普通话儿化发音的关键在于在韵腹上加上卷舌动作。要发好儿化音，首先应该练好卷舌动作。针对学生发不出儿化韵的情况，我们可以借助卷舌元音 er 来练习卷舌动作，然后再把韵母加上去。比如，要练习“huār”时，先练习“er”的发音，再练习整个词语的发音。练习整个词语发音时，先把两个音节“huā”和“er”分开念，念准、念熟以后，不断地加快速度，这样就能将“huā+er”过渡到“huār”，顺利地掌握儿化音节“花儿”了。掌握了儿化的发音方法之后，还需要通过勤加练习来巩固发音。学习者可以多读富含儿化词语的语段，在认读过程中，通过大量的儿化词语练习来识记儿化词语。

四、《汉语国际教育用音节汉字词汇等级划分》中的儿化词

为便于大家对具体的儿化词在不同等级中的分布情况有个全面的了解，我们这里将中华人民共和国教育部、国家语言文字工作委员会 2010 年 10 月 19 日发布，2011 年 2 月 1 日开始实施的语言文字规范（GF0015—2010）《汉语国际教育用音节汉字词汇等级划分》（北京语言大学出版社，2010 年）中所有的儿化词整理了出来，按词汇等级陈列如下。

（一）初级词汇

不一会儿 bù yíhuìr

干活儿 gàn huór

好玩儿 hǎowánr

画儿 huàr

空儿 kòngr

老头儿 lǎotóur

没事儿 méi//shìr[①]

面条儿 miàntiáor

哪儿 nǎr

那会儿 nàhuìr

那儿 nàr

男孩儿 nánháir

女孩儿 nǚháir

玩儿 wánr

小孩儿 xiǎoháir

笑话儿 xiàohuar

① 摘录的词均按原文体例，“//”用于标注离合词的拼音。

一会儿 yíhuìr
一块儿 yíkuàir
一下儿 yíxiàr
一点儿 yìdiǎnr
有空儿 yǒu kòngr
有（一）点儿 yǒu（yì）diǎnr
这儿 zhèr

（二）中级词汇

差（一）点儿 chà（yì）diǎnr
大伙儿 dàhuǒr
待会儿 dāi huìr
好好儿 hǎohāor
胡同儿 hú · tòngr
快点儿 kuài diǎnr
聊天儿 liáo//tiānr
没法儿 méi fǎr
名牌儿 míngpáir
模特儿 mótèr
味儿 wèir
香肠儿 xiāngchángr
眼镜儿 yǎnjìngr
有劲儿 yǒu//jìnr
主角儿 zhǔjuér

（三）高级词汇

冰棍儿 bīnggùnr
茶馆儿 cháguǎnr
串门儿 chuàn//ménr
兜儿 dōur
个儿 gèr
个头儿 gètóur
花样儿 huāyàngr
活儿 huór
口罩儿 kǒuzhàor
没准儿 méi//zhǔnr
纳闷儿 nà//mènr
闹着玩儿 nàozhe wánr
馅儿 xiànr
香水儿 xiāngshuǐr
心眼儿 xīnyǎnr
一个劲儿 yígejìnr
这会儿 zhèhuìr
走后门儿 zǒu hòuménr

（四）高级“附录”词汇

包干儿 bāogānr
穿小鞋儿 chuān xiǎoxiér
打盹儿 dǎ//dǔnr
大腕儿 dàwànr
垫底儿 diàn//dǐr
老伴儿 lǎobànr
离谱儿 lí//pǔr
人缘儿 rényuánr
玩意儿 wányìr
小曲儿 xiǎoqǔr

第三节　变　调

一般说来，普通话的每个音节都有一个固定的声调。通常把一个音节单念时的声调叫作**本调**。不过，当两个或两个以上的音节连在一起说时，相邻的音就可能相互影响而使某些音节的声调发生变化。如“你”单念时为“nǐ”，本调是上声，但当它出现在“你好”中时，“nǐ”的实际发音变成了阳平，“你好”发成“ní hǎo”。这种受相邻音的影响，某个字音的声调发生变化的现象叫作连读变调，简称**变调**。

普通话中最常见的变调类型主要有上声、去声的变调和“一”“不”的变调等。

一、上声的变调

上声调只是在单念或出现在词句末尾时念本调 [214]，其他场合都要变调。

（一）上声 + 上声

两个上声相连，前一个上声念阳平 [35]。即：上声 + 上声 ⇒ 阳平 + 上声。例如：

美好　蒙古　粉笔　冷水　领土　稿纸

老土　好久　举手　指导　厂长　手表

（二）上声 + 非上声（阴平、阳平、去声）

在非上声（阴平、阳平、去声）前，上声变成半上 [211]。即：上声 + 非上声 ⇒ 半上 + 非上声。为了简便起见，[211] 通常标为 [21]。例如：

上声 + 阴平：跑车　广东　海边　老师　体操　眼光

上声 + 阳平：果然　两极　口头　简直　网球　语言

上声 + 去声：比赛　胆量　美丽　考试　请假　影迷

（三）上声 + 轻声

在轻声前，前面的上声字一般要根据它后面轻声字的原调和轻声性质来变调。

1. 在原调为非上声的轻声（包括只有轻声读音的助词、语气词等特殊轻声词）前，变为半上 [211]。即：上声 + 轻声（原调为非上声）⇒ 半上 + 轻声。例如：

眼睛　补丁　打发　姐夫　委屈　喜欢

起来　脊梁　里头　养活　打量　老婆

本事　脑袋　爽快　买卖　打算　女婿

你的　我们　想着　醒了　好吗　走吧

2. 在原调为上声的轻声前，要看轻声性质是否稳定。

（1）如果后面接的是特定的或者有规律的必读轻声词，那么前面的上声变成半上，这就像上面的规则 1 一样。即：上声 + 轻声（必读）（原调为上声）⇒ 半上 + 轻声。例如：

剪子　斧子　奶奶　婶婶　姐姐　宝宝

（2）如果后面接的是轻声性质不太稳定的轻声词，前面的上声一般变为阳平 [35]。即：上声 + 轻声（可读）（原调为上声）⇒ 阳平 + 轻声。例如：

找补　裹腿　小姐　想想　走走　久久

这一类词的上声变调模式跟“剪子、斧子、奶奶、婶婶”等不同，主要是受到这些词内部构成的影响。从构词特点来说，像“找补、裹腿、小姐”等词中，第二个音节的语义并未像“剪子、斧子”中的后缀成分“子”那样发生虚化。如“找补”的意思是“把不足的补上”，其中的“补”虽然可以读轻声，但意义还很实在。同样的，“裹腿”中的“腿”也仍然保留着实在意义。像“想想、走走、久久”等词，其构成也跟“奶奶、婶婶、姐姐、宝宝”等词不一样。“奶奶、婶婶、姐姐、宝宝”是第一个上声音节的同义重复，其词义跟单个音节基本相同。而“想想、走走、久久”这些词都由动词或形容词重叠而成，重叠后的意义跟单个词相比有所改变，如“想想”不同于单独的“想”，而是“想一想”的意思，“久久”也不是一般意义上的“久”，而是含有“很久很久”的意思。这些成分的轻声性质较不稳定，因而先引发连上变调，使前面的上声变成阳平，然后才变为轻声。也就是说，这种上声变调的不同不仅是语音本身的因素造成的，还受到词汇、语义和语法诸多方面的制约，即所谓的“条件一定，现象一定”。我们只有弄清楚了现象背后的制约因素，掌握了变化的条件和规律，才能在学习的时候更容易理解和运用。

（四）上声 + 上声 + 上声

三个上声相连，情况要稍微复杂一些，一般有两种变调情况：

1.“1+2”式（单双式）：半上 + 阳平 + 上声。例如：

小雨伞　纸老虎　很勇敢　讲语法　有理想　水产品

2.“2+1”式（双单式）：阳平 + 阳平 + 上声。例如：

雨伞厂　展览馆　手写体　蒙古语　讲演稿　管理者

同样都是三个上声相连，为什么会出现上面这样的差异呢？这还是因为它们的结构层次不相同。

单双式的结构层次是 [214 + (214+214)]。处在同一结构层次的后两个上声先发生变调，变成“35+214”，然后处在外部层次的前一个上声再跟变化后的“35+214”组合，即“214+35+214”，第一个上声再变成半上，最后为“211+35+214”，如“小[211] 雨 [35] 伞 [214]”。

双单式的结构层次是 [(214+214) +214]。处在同一结构层次的前两个上声先发生变调，变成“35+214”，然后再跟第三个 214 组合，又由于“35+214+214”的后两个上声相连，前一个 214 再依据变调规则变成 35，最后为“35+35+214”，如“雨 [35] 伞 [35] 厂 [214]”。

从这里再次可以看出，从结构的角度认识问题会简化我们的分析过程，帮助学习和记忆。语言结构的内部规律远比我们目前观察到的要丰富。

此外，还有一种特殊情况，当三个相连的上声字之间无法分出结构层次时，如音译词“索马里、卡塔尔”、三字重复的“你你你、好好好”、数字序号“九五五”等，习惯上读为“35+35+214”。

其实，如果连读的上声更多的话，可以根据其内部结构做出适当的分组再依据规则变调。例如：

我 手 写 我 口

214 + 214 + 214 + 214 + 214

上声 + 上声 ⇒ 阳平 + 上声

35 + 214 + 214 + 35 + 214

上声 + 非上声 ⇒ 半上 + 非上声

35 + 214 + 211 + 35 + 214

上声 + 非上声 ⇒ 半上 + 非上声

35 + 211 + 211 + 35 + 214

当多个上声音节连读时，由于语流较长，内部结构、语义重点、语速快慢、语音停顿等各种因素交织在一起，会产生比较复杂的变调现象，有时不止一种读法。如上面的“我手写我口”，如果在“我手”后有较长停顿，那么就不需要最后一步变调了。

二、去声的变调

去声在单念或者在非去声前都是高降调，调值为 [51]。例如：

是 去 够 念 贵宾 列车 巨人 告白 气场 饭馆

当两个去声音节相连时，前一个去声的调值由[51]变成[53]，即由高降变成半降。例如：

庆祝　大厦　致意　坏蛋　宴会　破例　建造　扩大　正确　社会

当去声作为句尾音节时，一般也读成半降的[53]。例如：

他内心升腾起一个坚定的希望。

不过，去声的变调不是特别明显，有时人们会忽略它的变化。

三、"一"和"不"的变调

除了上声和去声的变调以外，普通话里的"一"和"不"这两个字的变调情况也非常突出。

（一）"一"的变调

"一"的本调是阴平[55]，单念、在词句末尾、表序数、记日期时念本调。例如：

一、二、三　唯一　始终如一　一年级　一班

十一楼　第一　初一　二零零一年一月一日

"一"在三种情况下变调，见表6-2：

表6-2 "一"的变调规律表

	出现环境	变调情况	例子
一（yī）	去声之前	yī → yí	一片　一共　一步
	非去声之前	yī → yì	一家　一时　一起
	夹在重叠动词之间	yī → yi	看一看　尝一尝　摇一摇

（二）"不"的变调

"不"的本调是去声[51]，单念或出现在词句末尾时念本调，在非去声前也念本调。例如：

"你还是赶紧回家做作业吧。""不，我偏不！"

不瞒（mán）您说，不知（zhī）道这个地方的人还真不少（shǎo）呢。

"不"在两种情况下变调，见表6-3：

表 6-3 “不”的变调规律表

	出现环境	变调情况	例子
不（bù）	去声之前	bù → bú	不去　不痛　不客气　不见得
	夹在相同的词语之间或在可能补语的否定式中	bù → bu	走不走　行不行　管不着　跑不了

需要说明的是，前面介绍普通话音节的拼写规则时指出，在用汉语拼音拼写词句时，声调一律标本调，不标变调。但是，如果在一些特殊的场合（如教学、考试）特别要求标出变调的，则必须标变调。下面这个句子的读音就是按实际读音标注的：

你不要担心，我一定好好儿想想去展览馆的事儿。

Nǐ búyào dānxīn, wǒ yídìng hǎohāor xiángxiang qù zhánlánguǎn de shìr.

这里涉及的音变现象有：轻声（“想想、的”）、儿化（“好好儿、事儿”）、上声连读变调（“想想、展览馆”）以及“一、不”的变调（“一定、不要”）。

汉语普通话的这四种变调形式较为明显，是语音教学的重点内容之一。从某种程度上来说，连读时之所以发生变调，就是为了更好地适应发音生理的自然特点。虽然它们的变调细则很多，但内在的规律性很强，掌握起来也并不太难，是一个熟能生巧的过程。

四、变调的常见偏误和教学方法

母语为非汉语的学习者在学习普通话的字音时，开始时一般是一个字一个字地学。有些学生发单字音发得很准，但当他们把一些字连在一起说时，似乎就不那么地道了。这其中一个很重要的原因就是他们还没有掌握某些字的声调在连着说时会发生什么变化。在连读变调中，“一、不”的变调规则相对简单，而上声变调比较困难。因此，这里着重介绍上声变调出现的偏误。

普通话的上声在非上声和原调为非上声的轻声（也包括原调为上声但必须读轻声的词）前要变成半上（调值为 21 或 211）。对母语为非汉语的学习者来说，半上的读法比较难把握，不少学生在该读半上的地方仍旧不变调，如把“跑车”的“跑”仍读为 214 调。在教学时，为了让学生更清楚地体会到半上的发音，可以采取分解上声发音过程的做法。比如，先教“跑”的发音，发音时尽量延长，从半低的 2 度降到最低的 1 度，然后再升到 4 度，让学生感受到这种不同度数之间阶梯性的流动过程。然后将“跑”214 调值的发音过程分解为降（21）和升（14）两个部分，在教 21 部分时，用手势去引导，在学生低到 1 度的时候可以用手掌并拢的形式让他们停止发音。这样反复几次，再让学生把“跑车”合在一起念，就比较容易掌握了。注意，还有的学生由于过于关注声调下降的特点而出现起音过高、听起来像去声的偏误。这时教师可以引导学生对比去声（51）和半上（21）的发音区别，发去声时往往比较用力，发半上时不需要这么大的力气，让学生直观感受到两者音高的不同，最后顺利发出半上。

上声变调还有一条规则，就是在上声前面或原调为上声的可读轻声词前面，要变成阳平。一般说来，母语为非汉语的学习者对两个上声字相连时“上声 + 上声 ⇒ 阳平 + 上声”的变调规则基本能掌握，但是碰到几个上声连读时，往往会不知所措。这主要是因为处在语音学习阶段的学习者其汉语水平还没有达到了解汉语结构单位内部层级的程度。不过，学习者并不需要在多个上声变调上花费过多的时间，在练习变调时要以二字调为主。一来是因为多个上声连读也可以看作两个上声连读组合的扩展；二来是因为多个上声相连的读法也有一些特殊表现，随着语速、停顿或者语流长短的不同，有的可以变调也可以不变调，有时往往不止一种读法。

当然，学习连读变调需要首先能熟练、准确地掌握单字调的发音，并且需要一定的词汇储备以及相应的语音基础。连读变调的学习一般安排在拼音阶段的学习快要结束的时候。

以上从轻声、儿化、变调等各方面介绍了普通话音变现象的基本内容。语流中的音变现象还包括其他的一些方面，在其他语言中也普遍存在。比如，英语中表示复数的词尾 s 一般读作 [s]，为清辅音，但在 dogs 中因为受到前面浊音 [g] 的影响而变成了浊音 [z]。换句话说，s 受到相邻音 [g] 的影响，在清浊这一发音特征上变得跟它相同，产生了同化音变。又比如，语流中有些音因为连读或弱化等原因消失了、脱落了，这也是一种语流音变。在介绍轻声发音规律时提到的“豆腐”中的“腐”读作 [f] 就是脱落现象。英语里的“I am”读成“I’m”，“you had better”读成“you’d better”等，也都是脱落，都是在语流中产生的音变。对于各种音变现象，学习者应该在平时的学习当中多积累，多练习，搞清楚音变的条件，形成良好的语感。

思考与练习六

一、填空。

1. 普通话中常见的音变现象有________、________和________。

2. 普通话中读得又轻又短的调子叫________，这是一种________现象。

3.“女儿”的拼音是________，“小孩儿”的拼音是________。

4.“我很想你”在实际的语流中声调发生了变化，调值分别为________。

5.“信念”第一个音节的实际调值是________，“人总喜欢回忆”句尾音节的实际调值是________。

6. 词语“一丝不挂、处理、始终”中，“一、不、处、始”的声调变化后，实际调值应该分别是________、________、________、________。

二、下面加点的各个词语的第二个音节都有原调和轻声两种读法，意思不同。请在括号里填写合适的拼音。

1. ① 这项工程有中央投资，也有地方（　　　　）投资。
   ② 你是什么地方（　　　　）的人？

2. ① 她的工作做得很实在（　　　　）。
   ② 终于买到了演唱会门票，实在（　　　　）太好了！

3. ① 春天到了，处处生意（　　　　）盎然。
   ② 他很有经商头脑，生意（　　　　）做得很好。

4. ① 屋子里摆设（　　　　）得很讲究。
   ② 她在公司里就是个摆设（　　　　），一点儿也说不上话。

5. ① 这两个班合计（　　　　）56人。
   ② 大家合计（　　　　）合计这事儿怎么办。

6. ① 天法道，道法自然（　　　　）。
   ② 他虽然第一次登台，但演得挺自然（　　　　）。

7. ①《地道（　　　　）战》是一部反映中国军民抗日的电影。
   ② 不错啊！北京话说得还挺地道（　　　　）。

8. ① 文中这两段是相互照应（　　　　）的关系。
   ② 两人一块儿出门，相互有个照应（　　　　）。

9. ① 他们两个是对头（　　　　），从不往来。
   ② 对头（　　　　）！你这个想法跟我想的一模一样！

三、请选择适当的形式填在句中的横线上。

1. 眼　眼儿
   ① 她的心________真好，很乐意帮助别人。
   ② 要适度用________，不然很容易近视。

2. 弯　弯儿

① 这儿有个急________，开车时要小心。

② 树枝都被大雪压________了。

3. 破烂　破烂儿

① 几十年过去了，这座房子已经________不堪。

② 他每天的工作就是捡________。

4. 早点　早点儿

① 你快点儿干吧，干完________下班。

② 明天吃什么________？

5. 卷　卷儿

① 烙饼________大葱。

② 老板把他的铺盖________从窗户里扔出去了。

③ 桌上放了一________纸。

6. 包　包儿

① 纸________不住火。

② 没吃完的饭菜打________吧。

③ 他从小就是个淘气________。

四、下列各词中的“子”，有的读原调，有的读轻声，请分别指出来，并试着总结一下读音规律。

子弹　子弟　子女　杯子　才子　臣子　个子

女子　圈子　鱼子　李子　原子　院子　笛子

钻空子　瓜子脸　男子汉　败家子　皇太子

太阳黑子　海外游子　江湖骗子　不肖子孙

五、读准下列轻声词，并标出拼音。

闺女　芝麻　葫芦　胳膊　老爷

在乎　窗户　扎实　苍蝇　光景

道理　嘴巴　风筝　官司　功夫

知识　琢磨　溜达　商量　巴结

哆嗦　念叨　收拾　休息　吆喝

张罗　招呼　别扭　快活　亮堂

唠叨 规矩 凉快 糊涂 客气
明白 阔气 厚道 富余 大意
疙瘩 伙计 家伙 见识 精神
窟窿 喇叭 粮食 骆驼 马虎
名堂 脑袋 暖和 朋友 清楚

六、读准下列儿化词，并根据表 6-1“儿化音变规律简表”来给这些儿化音归类。

脚印儿 山坡儿 没错儿 电影儿 白兔儿
井盖儿 小曲儿 羊羔儿 冰棍儿 短裙儿
果核儿 大伙儿 石块儿 门缝儿 花篮儿
雪人儿 葱丝儿 喜事儿 好样儿 小鸡儿

七、分析下列各词中上声的声调变化情况。

做主 挑选 打听 始终 祖国 老爷 管教
理解 领导 米粉 勇敢 保险 野草 阻止
草稿纸 讲演稿 厂领导 领导者 苦野菜
小雨雪 手写体 买保险 管理法 品种少

八、根据实际发音给下面的“一”标调。

一（ ）直 一（ ）口 一（ ）眼 一（ ）次 一（ ）岁
单一（ ） 说一（ ）说 一（ ）系列 一（ ）本正经
只此一（ ）家 沧海一（ ）粟 反咬一（ ）口 九九归一（ ）
一（ ）左一（ ）右 一（ ）张一（ ）弛 一（ ）模一（ ）样

九、根据实际发音给下面的“不”标调。

我偏不（ ） 不（ ）说 不（ ）必 不（ ）行 不（ ）好
不（ ）动 绝不（ ） 不（ ）动产 走不（ ）动 好不（ ）好
不（ ）骄不（ ）躁 不（ ）痛不（ ）痒 不（ ）言不（ ）语

十、根据《汉语拼音方案》拼写下面的句子，如有音变现象，请按实际读音标注。

1. 你也太大意了，居然把这篇文章的段落大意都理解错了。
2. 哥哥和嫂子在家里包饺子。
3. 我很了解你。
4. 请你给我买好酒。

5. 咱俩永远友好。

6. 给我两碗炒米粉。

7. 展览馆里有好几百种展览品。

8. 她家帘子上的图案是莲子。

9. 我去不了了，你可以去试一试，看看行不行。

10. 你要是有空儿就到我家来玩儿，咱们俩一起聊聊天儿。

十一、简答。

1. 有人说汉语普通话的轻声没有声调，也有人说轻声是普通话四声之外的第五个声调。你觉得他们说得对吗？谈一谈你的看法。

2. 有人认为儿化是北京话的特色，学习普通话不需要学儿化。你认为呢？

3. “一”和“不”在绝大多数教材里标的读音都是yī和bù。可是当留学生说“我一（yī）会儿去看一（yī）看”和“我不（bù）去，行不（bù）行”时，老师告诉他们读错了，应该读成“我一（yí）会儿去看一（yi）看”和“我不（bú）去，行不（bu）行”。对此，留学生感到很困惑。你觉得该如何向他们说明这一情况？

第七章 语 调

现实生活中只要稍微留心一下，就会发现有这样的现象：一些人的声韵调发音很准确，但说话时一平到底，别人听起来会觉得单调枯燥，甚至没有兴趣听下去。而有些人说话时虽然声韵调可能会有这样或那样的一些不到位的地方，语音也并不是那么标准，可是听起来却抑扬顿挫，悦耳动听。这是为什么呢？语调起了关键的作用。人在说话的时候，除了每个音节原有的声调以外，由音节连成的句子还呈现出抑扬顿挫的调子。构成句子的各个音节，由于表达意思或情感的需要，有的音节后面有一个停顿，有的音节读得重一些，有的句子的音高呈现出上升或下降的变化。我们把这种由于表达需要而呈现出的抑扬顿挫的调子总称为**语调**。

语调是衡量普通话水平的重要特征，也是语音教学的重要内容之一。母语为非汉语的学习者如果仅仅掌握了声母、韵母和声调的标准发音，还只是学到了“形似”的普通话，在汉语母语者听来还是感觉不地道。只有把握好普通话的正确语调，才算掌握了“神似”的普通话。这正如一个人唱歌，歌词咬得再准，发音再正确，曲调不对，也是歌不成曲的。

语调的内容比较复杂，这里主要介绍停顿、重音和句调三个方面的内容。

第一节 停 顿

停顿指句子内部、句子之间出现的语音间歇。关系密切的语言单位之间一般没有停顿，只有关系不太密切的语言单位之间，才可以有停顿。一般而言，关系越疏远，停顿的可能性越大，停顿的时间越长。恰当的语音停顿，有助于我们正确地表达和理解语意与感情。

停顿可以分为语法停顿和强调停顿两种。

一、语法停顿

语法停顿是为了体现一句话里面的语法关系所做的停顿。语法停顿在书面上常用标点符号来表示。不同的标点符号所表示的停顿时间不同。比如句号、问号、感叹号后的停顿时间相对较长，常用于一个意义完整的句子之后；分号和冒号后的停顿时间次之，但比逗号后的停顿时间长；顿号后的停顿时间最短。而段落之间的停顿则比句子之间的停顿时间要长。

当然，由于书面标点的使用和说话时的表达并不完全一致，语法停顿不完全受标点的制约。有时没有标点的地方也需要停顿，比如人们在说比较长的句子的时候，出于生理上换气的需要，会在中间某个合适的地方停一停、顿一顿，可以用符号“/”来表示。例如：

① 然而，恰恰是这座不留姓名的坟墓，比所有挖空心思/用大理石和奢华装饰建造的坟墓/更扣人心弦。

这个句子除了逗号、句号这样的停顿标记外，还有句内成分之间的停顿。不过，不能因为句子比较长就随意停顿。我们上面说的“某个合适的地方”，通常取决于一定的语法关系，一般是在具有相对完整意义的句子成分之前或之后断开。例如：

② 这是/我工作以来/收到过的/最珍贵的/教师节礼物。

在一个句子中，除非有特别多的并列成分，否则停顿最好不要太多，停顿太多容易给人语言不流畅的感觉。另外，停顿时间的长短也是相对的，有时会根据具体的情况而有所变化。

二、强调停顿

强调停顿是指为了突出某种语意或表达某种情感而做的语音停顿。强调停顿也叫**逻辑停顿**。强调停顿跟语法停顿有时一致，有时不一致。它可以在书面上没有停顿的地方做停顿，也可以在书面上有停顿的地方做较长的停顿。例如：

① 我刚听说/李老师生病住院了。

② 一切都像刚睡醒的样子，欣欣然张开了眼。山/朗润起来了，水/涨起来了，太阳的脸/红起来了。

若按语法停顿的一般规律，这两句句中是不停顿的，但为了强调而出现了短暂的停顿，句中用“/”标出。第一句的停顿是为了突出说话的主题，第二句的停顿是为了突出一种对应关系。

有时停顿的地方不同，表达的意思就有差别。例如：

③ 妻子死了丈夫发誓不再结婚。

A. 妻子死了丈夫 / 发誓不再结婚。

B. 妻子死了 / 丈夫发誓不再结婚。

A 句“发誓不再结婚”的是“妻子”，B 句“发誓不再结婚”的是“丈夫”。

④ 我担心他说不下去了。

A. 我担心 / 他说不下去了。

B. 我担心他 / 说不下去了。

A 句“说不下去”的是“他”，B 句说不下去的是“我”。

⑤ 你不去叫他去。

A. 你不去 / 叫他去。

B. 你不去叫 / 他去。

A 句说的是“叫他去”，B 句说的是“他去叫”。停顿不同，意思很不一样。

三、常见的停顿偏误

母语为非汉语的学习者，特别是非汉字文化背景下的学习者在读汉语的句子时，反应能力受到较大的限制，在停顿方面常常会碰到一些困难。汉语的句子在书写时并不实行分词连写，这给初学汉语的学习者增加了繁重的切分任务，造成其停顿停得不是地方，停得不得法。初级水平的学生可能由于词汇掌握不够等问题而在一个词的内部出现停顿，例如：

① 他们看不 / 懂这句话的意思。

② 大家别急，就 / 算明天下雪，我们也能坐上车。

这时教师要及时提醒并纠正。不过，这种低级阶段出现的偏误很快就会随着学生词汇量的扩大和水平的提高而变得越来越少。

还有一种停顿不当的现象也要引起注意，那就是有些语句中某些相邻的汉字组成了学生已经学过的词，但其实这些字并没有结构上的关系，而仅仅是在线性序列上紧挨着而已，学生容易按心理词典中相对凸显的某个词块的界限来停顿，这就是“破句”现象。例如（句首标 * 者为停顿有偏误）：

③ 饮料 / 不如 / 果汁好喝。

*饮料不 / 如果 / 汁好喝。

④ 水 / 果然没有了。

* 水果 / 然没有了。

⑤ 结果结婚那天 / 使同事们大吃一惊。

* 结果结婚那 / 天使 / 同事们大吃一惊。

⑥ 这家公司经过多年打拼，其 / 实力 / 非常强大。

* 这家公司经过多年打拼，其实 / 力非常强大。

⑦ 不可 / 以貌取人。

* 不可以 / 貌取人。

有时错误的停顿还容易让人误解。曾经有报纸报道：某厂长把文件上的“已经取得大专学历的和尚未取得大专学历的干部”错读为“已经取得大专学历的和尚、未取得大专学历的干部”。句子原本是用“和”来连接两个并列的短语，停顿应该是“已经取得大专学历的 / 和 / 尚未取得大专学历的（/）干部”，但是该厂长按“和尚”的词汇界限来停顿，结果闹出了笑话。

第二节　重　音

重音就是词句中读得比较重的音。人们在念复音词（指由两个或两个以上音节构成的词）、说话或朗读时，并不是对词中的每个音节或句中的每个词都平均用力，而是有的念得重一些，有的念得轻一些。这种把词中的某些音节或句中的某些词语念得比较重的现象就是重音。重音一般通过增加音节的声音强度来表现。

重音可以分为词重音和句重音。

一、词重音

词重音是指复音词里念得较重的音节。普通话中的词语以双音节词为主，也有三音节词和四音节词等。下面就按词中音节数量的多少来说明复音词的重音规律。

（一）双音节词

双音节词有两种重音格式：没有轻声音节的，一般按照“中重”格式念；有轻声音节的，一般按照“重轻”格式念。例如：

语言　地震　战争　成长　英俊　刚才　因此　（中重）

椅子 石头 玻璃 麻烦 休息 清楚 看看 （重·轻）

（二）三音节词

三音节词一般也是两种重音格式，但内部情况稍微复杂一些。整个复音词中没有轻声音节的，一般按照“中轻重”格式念；中间有轻声音节的也按“中轻重”格式念，最后一个音节是轻声的则按“中重轻”格式念。“中轻重”格式的三音节词比较多。例如：

自行车 大豆油 口香糖 遮阳伞 电影院 （中轻重）

玻璃丝 关系户 太阳伞 葡萄糖 呢子服 （中·轻重）

有意思 胡萝卜 糖葫芦 老皇历 大丈夫 （中重·轻）

（三）四音节词

四音节词的重音格式可以看作两个双音节词重音格式的组合。没有轻声音节的，按照“中重中重”格式念；第二个音节是轻声的，按照“中轻中重”格式念。例如：

新疆大学 左右开弓 分崩离析 电闪雷鸣 （中重中重）

灰不溜秋 黑咕隆咚 稀里糊涂 丁零当啷 （中·轻中重）

这两种格式的语体色彩差别很大，前一种比较正式，后一种用于比较随便、俚俗的场合。因此，“中国总理在尼加拉瓜访问”中的“尼加拉瓜”不能读成后一格式。

二、句重音

句重音就是一句话里念得比较重的词或短语。句子的重音可以分为语法重音和强调重音。

（一）语法重音

根据句子语法结构的特点，重读句子中的某些成分而形成的重音叫**语法重音**。语法重音有较强的规律性。

1. 谓语或谓语里的主要动词常比主语念得重一些。例如：

① 今天国庆节。

② 中国人民勤劳、勇敢。

③ 火车开过来了。

2. 宾语或宾语的中心语常比谓语动词念得重一些。例如：

① 这对双胞胎，一个喜欢民族唱法，一个喜欢美声唱法。

② 他写过一部长篇小说。

3. 附加成分（定语、状语、表结果或表程度的补语）常比中心语念得重一些。例如：

① 语言不发展是最大的不规范。

② 他工工整整地签上了自己的姓名。

③ 你究竟要什么？

④ 她把厨房收拾干净了。

⑤ 这儿的冬天冷极了。

4. 疑问代词、指示代词等常念得重一些。例如：

① 你们几个人谁去过西藏？

② 那儿坐着一群小伙子。

③ 他什么也没有告诉别人。

④ 事情的经过是这样的。

总的来说，语法重音所强调的内容通常都是正常情况下句子中的信息焦点。信息比较新的、信息量大的、需要突出的地方，自然就读得重一些。

（二）强调重音

强调重音是指为了突出某种语意重点或表达某种强烈的情感而把某些词语念得特别重的语音现象，也叫**逻辑重音**。

句子中哪个词语念强调重音，受说话时的语意和情感表达重心的支配。例如同样一句“张老师在教现代汉语”，由于强调重点的不同，重音位置也就不同。

① 张老师在教现代汉语。

② 张老师在教现代汉语。

③ 张老师在教现代汉语。

例 ① 回答“谁在教现代汉语”，强调是张老师，而不是别人。例 ② 回答“张老师在教什么”，强调教的内容是“现代汉语”，而不是其他课程。例 ③ 回答“张老师在干什么”，强调是“教现代汉语”这件事，而不是别的事情。

正因为强调重音是为了突出所强调的内容，因此在一般的表达中也有相当的规律性。体现说话人表意重点的词语，如表示肯定或否定、对比、夸张、比喻、反复等的词语，往往重读；突出表达说话人强烈情感的词语，如表示赞叹、惊讶、反诘、憎恶、讽刺等感情色彩的词语，往往重读。其实，理解强调重点关键在于把握住一点：句子想突出什么，就重读什么。例如下面这两句就是通过对比来突出要强调的内容。

④ 像时尚一样，容易落后的不是你的衣服，而是你的思想观念和能力。

⑤ 母亲要走大路，大路平顺；我的儿子要走小路，小路有意思。

三、常见的重音偏误

母语为非汉语的学习者在重音问题上一般出现两种偏误：在语法重音方面，不能重读的音重读；在强调重音方面，定位错误而导致答非所问。

普通话中有一些特定的词类，如介词、连词、量词、助词（很多其实是固定的轻声词）等，如果不是特别强调都不能重读。母语为非汉语的学习者有时不注意，容易将这些不能重读的词重读，例如：

① 他在北京上大学。

② 小明从记事起就和爷爷奶奶一起住了。

③ 这种水果又便宜又好吃。

④ 我已经吃过饭了。

在练习时，教师应该提醒学生，在不能重读的词上不要重读。

在强调重音方面，母语为非汉语的学习者有时没有搞清楚对话中的语意重点而容易出现定位错误，例如：

⑤ A：你怎么去的上海？

B：我坐高铁去的上海。

A是问去上海的方式，因此B强调重音应该放在“坐高铁”上，但是B错误地将重音放在“我”上，这样导致对方不能快速捕捉到所需要的信息，甚至会觉得莫名其妙。

要掌握好重音的适当位置，在该重的地方重，该轻的地方轻，需要借助句子和日常的语境，在口语交际、对话朗读中进行有意识的训练，注意语感的培养。

第三节　句　调

字有字调（即声调），句有句调。**句调**指的是句子语音的高低升降变化。它贯穿于整个句子中，但往往在句尾的词上表现得特别明显。不同的句调可以表达不同的语气和语意。

一、句调的类型

普通话的句调一般可以分为平调（平直调）、升调（高升调）、降调（降抑调）、曲调（曲折调）四种基本类型。

（一）平调

全句的调子比较平直舒缓，没有明显的升降变化，只是有时句尾略呈下降的趋势。常用来表达叙述、庄严、悲痛、冷淡等语气。例如：

① 从前有座山，山上有座庙，庙里有个老和尚和一个小和尚。（叙述）

② 人民英雄永垂不朽！（庄严）

③ 他永远离开了我们。（悲痛）

④ 随你便吧。（冷淡）

（二）升调

全句的调子由平升高，句尾明显上扬。常用来表达疑问、反问、号召、惊异、喜悦等语气。例如：

① 这是谁的书？↗（疑问）

② 冬天来了，春天还会远吗？↗（反问）

③ 全世界爱好和平的人们，拉起手来！↗（号召）

④ 她怎么会做出这种事情来？↗（惊异）

⑤ 快出来看呀！下雪啦！↗下雪啦！↗（喜悦）

（三）降调

全句的调子由平降低，句尾明显下抑。常用来表达陈述、感叹、申斥、请求、祝愿、劝阻等语气。例如：

① 我们有信心也有能力完成这项任务。↘（陈述）

② 万里长城是多么地雄伟壮丽啊！↘（感叹）

③ 混账东西，↘不要命啦。↘（申斥）

④ 你就答应这一次吧。↘（请求）

⑤ 祝您在新的一年里身体健康，万事如意！↘（祝愿）

⑥ 你可千万不要打扰他。↘（劝阻）

（四）曲调

全句的调子先降后升，或先升后降。常用来表达讽刺、怀疑、含蓄等语气。例如：

① 你这样做可真是↘聪明绝顶啊！↗（讽刺）

② 这个街头卖艺的↘怎么这样像我的大学同学？↗（怀疑）

③ 摆什么↗高高在上的架子呢？↘（含蓄）

二、句调和字调之间的关系

字调（声调）是字音的高低升降，句调是句子语音的高低升降。由于句调的升降在句尾的音节上表现得特别显著，这样往往会影响句尾那个字的调值。如果全句的句调类型和字音的声调类型不矛盾，就在原来字调的基础上再稍升或稍降。如果两者相矛盾，就在原来字调的基础上向相反方向稍做改变。这体现了发音和谐这一特征。例如（→前后的数字分别表示字调受到影响前后的调值，+ 表示再略高一些）：

① 他没吃（$55 \rightarrow 55^{+}$）？↗（字调后部再稍升）

② 他没来（$35 \rightarrow 35^{+}$）？↗（字调后部再稍升）

③ 他没写（214 → 215）？↗（字调后部再稍升）

④ 他没去（51 → 513）？↗（字调变降升）

⑤ 他没吃（55 → 33）。↘（字调调级降落）

⑥ 他没来（35 → 23）。↘（字调调级降落）

⑦ 他没写（214 → 212）。↘（字调后部稍降）

⑧ 他没去（51 → 31）。↘（字调起点稍降）

前四句是升句调对句尾字调的影响，后四句是降句调对句尾字调的影响。

上面只是就一般情况下的变化来说的。当说话人带有强烈的感情时，还会出现一些特殊的变化。

三、常见的句调偏误

句调是交际表达中比较复杂的语音现象，它与交际双方的关系、距离、情感、态度等许多因素相关。人们说话时，只有把内容和内容中所体现的感情、态度等表达准确、鲜明，才能够达到交际的目的。人们用母语交谈时，句调是随着交际目的自然而然地出现的，一般不需要单独教。但是，当人们用母语之外的第二语言来交谈时，由于对句调变化与语义之间的关系把握得不够，常常不能表达出他们所希望表达的意思。母语为非汉语的学习者由于不了解普通话句调、语气的表达方式，习惯用自己母语的句调和语气来代替。因此，即便他们的声、韵、调发音都很准，用词和语法也没有出错，听起来也总让人觉得不太对劲。如果句调不恰当，就不能准确地表达出自己的情感，必然会影响语言的交际效果，有时甚至产生误解。

母语为非汉语的学习者常见的句调偏误是将句调与字调混淆，在句调的升降变化中把字调给丢了。前面说到汉语句调的升降变化会影响句尾字调的调值，如“他没去”中的“去”由去声的51调值稍降为31，但其基本调型仍保持不变，只是起点和降幅有所变化。跟汉语相比，一些非声调语言有很大的不同，如英语属于句调语言，句调是英语表情达意的重要手段。在一个句子里，单词本身并没有固定的调型，随着整句句调的升降，单读音节可升可降，只要重音不读错，一般不会引起误解。非声调语言背景下的学生，容易受其母语的干扰。比如，母语为英语的学生在读汉语句子时，常用英语的语调来代替汉语的声调，改变一句话中最后一个音节或者几个音节的字调，如把“我姓陆，他姓王”读成“我姓卢，他姓望”，发音走了样，形成了所谓的“洋腔洋调”。

因此，在汉语作为第二语言的语音教学过程中，让学生掌握好声调是基础，在这个基础上再掌握各种不同的句调变化。而如何根据语境来选择合适的句调，并且能准确地表达出思想感情，把汉语说得清晰流畅，这是句调教学的难点。句调和语气是否运用得当体现了学习者汉语口语水平和交际能力的高低。

思考与练习七

一、填空。

1. 普通话的语调主要表现在________、________和________等方面。
2. 停顿一般分为________和________两种，在书面上主要靠________来体现。
3. “他看见我哭了起来”有两种停顿方法：一是________________，指________哭了；二是________________，指________哭了。
4. 重音可以分为________和________两种。“新闻”的重音格式是________，“明白”的重音格式是________，“杯子盖儿”的重音格式是________，“糊里糊涂”的重音格式是________。
5. “她男朋友是个热情大方的小伙子”这句话的语法重音应该放在________上。

6. 普通话的句调一般可以分为________、________、________和________四种基本类型。

二、根据括号里的意思，说明哪个词语应该重读。

1. 王明知道赵华会跳舞。（谁说王明不知道赵华会跳舞？）
2. 王明知道赵华会跳舞。（别人不知道赵华会跳舞。）
3. 王明知道赵华会跳舞。（赵华会不会唱歌，王明不知道。）
4. 王明知道赵华会跳舞。（别人会不会，王明不知道。）
5. 王明知道赵华会跳舞。（谁说赵华不会跳舞？）

三、按照普通话词语的重音规律读下面的词语。

国家　暖和　音乐　法律　喇叭　自由
伙计　忙乎　冬天　广泛　姑娘　贯彻
星期日　为什么　孩子们　及时雨
老老实实　一箭双雕　鸡毛掸子

四、下面的句子或结构可能因重音位置的不同而表达不同的意思，请读一读，比较一下。

1. 你**怎么**去北京？　　　　你怎么去**北京**？
2. 咬死了**猎人的狗**　　　　**咬死了猎人**的狗
3. **新**学生宿舍　　　　　　**新学生**宿舍
4. 我和**她的**朋友　　　　　**我和她**的朋友

五、下面的句子或结构可能因停顿的地方不同而表达不同的意思，请读一读，区别一下。

1. 这土豆不大好吃。
2. 他知道这件事情不要紧。
3. 我讲不过他也得讲。
4. 这样做不成。
5. 我赞成他也赞成你怎么样？
6. 救过他的姐姐的学生
7. 货到全付款。
8. 二加三乘以六是多少？

六、用不同的句调来表达下面的句子，看看能表达出几种不同的含义来。

1. 他吃什么，你吃什么
2. 这篇文章是你写的吗
3. 谁不知道这件事情
4. 你怎么不去呢
5. 有什么好吃的
6. 他为什么要走

七、思考。

李老师在教初级班的留学生时发现，学生在练习单个汉字的声调时发音还不错，可是一读到词或者句子时就乱了套。有的学生读的每一个词或者句子听起来都是一个调子；有的学生读句子时常常改变句尾字的声调，比如把“明天我要去颐和园”中的“园”念得像第四声，把“你是学生吗”中的“你”念成高平调，把轻声“吗”念成上扬的第二声。你认为出现这些现象的原因可能是什么？有什么好的方法可以改变这一状况？

第八章
语音教学的原则和方法

以上我们系统介绍了有关现代汉语普通话语音系统的基础知识。对于语言教学工作者来说，只有熟练地掌握语音基础知识，才能具备准确地发音、辨音和纠音的能力，才能有效地运用这些知识来解决语音教学中的实际问题。而对于汉语作为第二语言的学习者来说，学习语音知识，更重要的目的是为了运用和交际。通过声母、韵母、声调、语调等训练，学习者要掌握普通话发音的技能，在交际活动中能用汉语来说话。普通话语音是基础，是评价学习者汉语水平高低的重要方面。语音跟词汇、语法还不太一样，词汇和语法点如果没掌握好还可以有意避开；语音不同，只要一张嘴，哪些音发得到位，哪些音发得不到位，一下子就显露出来了，想藏都藏不了。因此，如何发准语音、说好汉语，是语音学习的重要目标。

要达到让学习者发准语音、说好汉语这个目标，语音教学就显得尤其重要。为了顺利地进行语音教学并取得良好的教学效果，除了熟知语音基础知识以外，我们还要掌握有关语音教学的基本原则，同时能熟练运用语音教学的各种方法和技巧。下面先来看一看汉语语音教学的一些基本原则。

第一节　语音教学的基本原则

生活中我们常说某个人很有原则，指的是这个人说话、办事有一套标准或法则，如公正、诚实、友善、爱憎分明等等，反映的是这个人对自身、对他人和对社会的某种认识，他的言语、行为都是按照这套标准或法则来进行的，否则就不成其“风格”。

在汉语语音教学的过程中，也有一些基本的标准和原则必须要遵循。语音教学原则是指符合语音教学活动的特点和规律，在进行语音教学时必须遵循的基本要求，违背基本原则就会影响语音教学的效率和效果。可以这么说，语音教学原则总体指导着整个语音教学的过程和活动。全面理解和熟练掌握语音教学基本原则是每一个语言教学工作者应该具备的基本条件之一。一般说来，在语音教学活动中需要遵循的基本原则有以下一些方面。

一、针对性原则

针对性原则是指针对不同语言背景的学生特点和不同的教学阶段来安排相应的语音教学内容和方法。

（一）根据教学对象的不同特点来确定教学重点和难点

不同语言背景的学生，在以汉语作为第二语言的学习过程中，容易受到母语方方面面的干扰。各种语言的语音系统，都会选择一定的发音部位和发音方法互相搭配，形成自身独特的发音基础。不同语言所选择的部位和方法既有很大的共性，如双唇音 b、p、m，舌尖音 d、t、n 等；也有很多的个性，像汉语的舌面音 j、q、x 和舌尖后音 zh、ch、sh 等，在很多语言里都没有。由于学习者母语语音类型和特征的不同，他们学习普通话语音时所面临的具体问题和困难的程度自然也有所不同。具体说来，有以下几个方面的表现：

特定母语背景的学习者在习得汉语普通话的某一些音时呈现出倾向性的偏误趋势。比如同样是学习声母 f 和 h，母语为英语的学生问题不太大，可是日本学生和韩国学生就常常出问题，要么相互混淆，要么发成他们母语中的某个近似但不同的音。如日本学生容易将 f 或与合口呼韵母相拼的 h 发成日语中的吹火音 Φ，将“húli（狐狸）”读成 [Φuli]。又如在分辨前鼻音 n 和后鼻音 ng 时，日本学生常将二者混淆，“fēnshēn（分身）”和“fēngshēng（风声）”不分。而母语为英语的学生，在发带鼻音的韵母时容易鼻化，造成用鼻化元音来代替整个鼻韵母，比如他们常常将 [ɑŋ] 发成 [ã]，其他语言背景下的学生则较少出现这样的偏误。

特定母语背景的学习者在习得普通话同一个语音特征时也可能呈现出不同的差异。送气和不送气在普通话中是一对重要的区别特征，不同母语背景的学生在习得普通话这个敏感特征时呈现出了较大的差异。如日本学生对送气音不敏感，经常把送气音发成不送气音，把“pàngzi（胖子）”说成“bàngzi（棒子）”。而母语为英语、法语等印欧语的学习者则容易用清、浊辅音的对立来代替送气和不送气的对立，将普通话清辅音声母 b、d、g 发成像英语 [b、d、g] 那样的浊辅音。

即便是那些具有汉语“个性”的音，不同语言背景的学生出现的偏误也不太一样。比如，汉语普通话声母中的舌尖后音 zh、ch、sh 和舌尖前音 z、c、s 是其他语音系统中相对少见的音，对大部分母语为非汉语的学习者来说，这一组音是他们学习声母的共同难点。不过，不同母语背景的学生所面临的困难也有差异：母语背景为英语的学生，常常用音色相近的舌叶音[ʧ、ʧ^{h}、ʃ]来代替zh、ch、sh，把“shāngchǎng（商场）”发成“[ʃaŋʧ^{h}aŋ]”；韩国学生则常用j、q、x来代替zh、ch、sh或z、c、s，如把“zhìchǐ（智齿）”或“zìcǐ（自此）”发成“jìqǐ（记起）”等。又比如，声调几乎是母语为非汉语者的共同难点，泰国、越南、印尼等东南亚学生较难发准的声调是阴平和去声，而多数欧美学生最头疼的声调是阳平和上声。

以上种种差异其实反映了每种语言背后各自不同的语音系统。因此，教师在教学过程中，需要分析不同学生所面临的语音难点，根据他们的实际情况，有针对性地安排教学。一方面，要善于总结不同母语背景的学生在发音问题上的共性，对这些共同难点要让学生反复练习，不断巩固。另一方面，还要善于发现他们发音的个性，通过对比来进行有针对性的指导。比如，声母f和h对日本学生来说是难点，在教学过程中如果遇到带f和h的音，可以让日本学生多加练习，而其他国家没有这个发音困难的学生则不必花相同的时间练习。又比如，阿拉伯语的辅音很丰富，元音数量相对较少，阿拉伯语背景的学生学习普通话语音时感到最困难的是韵母。因此，他们在练习韵母的时候就需要花更多的时间和精力。只有根据教学对象的不同特点来因材施教，才能真正实施有针对性的语音教学，才能更充分地利用课堂时间，更有效地提高不同学生的语音水平。

（二）根据教学阶段的不同来安排相应的教学目标和内容

汉语语音教学是一个长期的过程，应贯穿于整个教学过程之中。不过，这个长期的过程又可以分为几个不同的阶段，每个阶段有每个阶段的特点。因此，语音教学具有明显的阶段性特征。在不同的教学阶段，教学目标并不相同，教学特点也不相同。判断一个母语为非汉语者语音水平的高低，一个朴素的直觉就是他的发音是否标准。因此，在最初的学习阶段，学习者只要发出正确的音来就可以了。再高一点的阶段，就要看他是否具备流畅、准确的表达能力，是否能表达他想表达的意思。换句话说，就是看他能否将语音、词汇和句子结合起来，实现用汉语进行交际的目的。这样，依据不同的程度和特点，语音教学大致可以分为以下三个阶段：初级阶段、中级阶段和高级阶段。每个阶段都有不同的教学重点和教学目标。下面分别进行说明。

初级阶段是学生学习普通话语音的起步阶段，要求学生掌握普通话最基础的语音项目，如声母、韵母、声调的发音，音节的拼读方法及相关的拼读规则，等等。这些内容是普通话语音系统的基础，是首先要掌握的部分。教师应该带领学生进行大量的发音训练，使他们能够感知并模仿发音，最后达到将音发准的目标。一般来说，初级阶段的语音教学持续时间为两到三周，在这段时间内集中精力进行语音训练，打好语音基础。

中级阶段要求学生熟悉语流中的各种音变现象，熟练掌握并自动运用音变规律，轻声、儿化、上声和去声变调、“一”和“不”的变调等是这一阶段学习的主要内容。这些内容是在学习者掌握单字音、单字调的基础上，将音节和声调放在语流中所进行的进一步训练，需要学生具有一定的词汇储备，因此放在初级阶段之后的中级阶段来学习。这也是培养学生形成良好语感的重要部分。

高级阶段要求学生在读句子或课文及自由表达时具有语调和语气意识，能自如地运用停顿、重音、句调等来表达意思和情感。语调是衡量普通话水平高低的重要方面，只有准确把握好语调，才能有效去除“洋腔洋调”，说出一口地道的普通话。这一方面的学习最具挑战性，难度也最大，需要与具体的句子、会话甚至短文相结合。

根据初、中、高三个教学阶段的不同目标，我们把普通话语音的各项内容安排如下：

初级阶段：**声母、韵母、声调、音节及拼读**

↓

中级阶段：**音变现象**

（轻声、儿化、上声和去声变调、“一、不”的变调等）

↓

高级阶段：**语调（停顿、重音、句调等）**

当然，这三个阶段和语音项目的学习并不是各自割裂开来的，根据教学内容的需要，有些语音项目可以同时出现或交叉进行。如在学习普通话音节时，也可以同时训练学生感知和模仿多音节词的重音模式。又如在进行语调教学时，可以在句子当中适当训练各种语流教学中的内容。在某一个特定的教学阶段，教师应侧重教授和练习某些内容，其他内容作为提前感知的内容，或者是复习巩固的内容。

二、音素教学与语流教学相结合的原则

在语音教学中，如何处理声母、韵母、声调和音节这样的单项语音训练与会话、语段训练的关系，一直是个有争论的问题。有一些教师主张语音训练应该从声、韵、调的单项练习开始，只有单项语音练习充分了，才能逐步过渡到词、词和词的组合、句子和会话练习。他们认为这样的教学方式是基于普通话语音的系统性和层级性，由

"音"到"词"再到"话"，遵循由简到繁、循序渐进的教学规律。由于这种教学主张以语音的基本构成成分为切入点，以单音素或单音节的训练为主，因此叫"音素教学"。还有一些教师主张一开始就从会话训练起步，先教会话，然后分解音节，进行声、韵、调练习，最后归结到会话。他们认为语流是语言使用中的实际状态，以此为教学的出发点和落脚点可以更好地培养学生流利自然的语音语调，解决洋腔洋调的问题。由于这种教学主张是以语流为切入点，以句子的整体练习为主，因此叫"语流教学"。音素教学和语流教学既可以看作语音教学的两种指导思想，也可以作为语音教学的两种策略，这里将它们放在原则层面来谈。

实际上，不管是音素教学还是语流教学，都有各自的优点和缺点。比如，音素教学虽然能够把单音练习进行得比较充分，但声、韵、调的单项训练确实容易让学生感到枯燥单调。而且，单字音和单字调在进入语流时是有差异的，音素教学在这方面有局限。而语流教学虽然强调了实用性，当天学当天就能说话，见效快，容易激发学生的学习兴趣，但在短短的两三个星期内，把会话练习提前到语音教学阶段，势必占用声、韵、调单项训练的时间，削弱语音单项学习，不利于学生打好语音基础。这就好比学习某种弦乐器，首先要学会指法和弓法，指法和弓法练好之后，才能练习拉乐曲。指法和弓法都不过关，马上就想拉出美妙动听的乐曲，那是不可能的事情。语音训练也是如此，若是急功近利，学习者就容易忽略普通话发音的准确性，长此以往也是学不好语音的。因此，不同的教学理论、策略和方法，要互相取长补短，有机结合，只有这样才能更好地促进教学实践。

音素教学和语流教学都不能偏废，它们不是哪个重要、哪个不重要的问题，而是在不同阶段有所侧重，在具体操作上有先后之分的问题。我们没有必要过分夸大其中一种教学方式的优点而否定另一种。从语音教学的针对性原则出发，根据语音学习的特点和规律，我们可以将音素教学和语流教学有机结合起来，在不同的阶段既各有侧重，又灵活配合。比如，在语音学习的初级阶段，学习者主要学习普通话的声母、韵母、声调的发音方法和音节的拼读及拼写规则等，这个阶段就要以音素教学为主。搞好声、韵、调的单项训练，打好语音基础，才能为以后的语流训练和会话训练做好充分的准备。从长远目标来看，这种基础训练是非常有必要的，所谓"磨刀不误砍柴工"。相反，如果绕过必要的基础训练，一开始就没有养成好的语音习惯，欲速则不达，最后是学不好语音的。到了中、高级阶段，语流中的音变现象和语调训练成为教学的主要内容，这些内容其实都是以语流为切入点的。因此，中、高级阶段主要以语流教学为主。如果发现学生有音素或音节的问题，再从语流中分离出来进行集中练习，重点攻克。循序渐进，分层次，有侧重，讲综合，这是任何教学路径都应遵循的基本原则。

三、语音教学与其他语言要素教学相结合的原则

在语音教学阶段，要不要教词汇和汉字甚至语法的内容，也是一个有争议的问题。这个问题在语音教学的初级阶段显得更为突出。有的教师认为，语音阶段就应该集中精力完成语音教学，在两三周时间内完成语音教学本身已不容易，而过早、过多地接触词汇、汉字或语法的内容肯定会分散学生的精力，从而影响语音学习。不过，也有一些教师认为，语音阶段应该学习一些词汇、汉字和语法的内容。这主要是因为，在语音教学阶段之后是词汇和语法教学阶段，课文全用汉字，对于那些从来没接触过汉字的学生来说，负担很重。如果让学生完全不接触词汇、汉字及语法的内容而要求他们在很短的时间内能读、会写并且能适应从语音阶段到其他教学阶段之间的跳跃，这种困难是可以想见的。那么，我们到底该如何处理语音教学与其他语言要素教学的关系呢？下面将语音教学分别与其他语言要素的教学结合起来说明。

（一）语音教学与词汇教学的关系

关于语音教学阶段该不该教生词，有的专家认为，在学习语音时，要求学生掌握一定数量的生词，对语音学习不会产生负面影响，处理得好的话，还可能会有积极的影响。这主要是基于以下几个方面的考虑。一是学习生词是掌握语音的手段。比如，通过学习“你好”，学生可以掌握上声变调“上声＋上声→阳平＋上声”的规律；通过学习“爸爸、妈妈”，学生可以感知到轻声的发音等。二是从心理学的角度来看，有意义的学习比机械的学习效果更好。以汉语作为第二语言的学习者有很多是成年人，成年人在学习过程中对那些有意义的语言单位有着本能的求知欲望，而有意义的词汇也更容易作为一个整体单位存储在大脑里，进而形成方便提取使用的语言概括。因此，即便在单独的语音教学阶段，也是可能并且可以适当安排词汇学习的。当然，选择哪些生词、选择多少生词是有讲究的。在语音教学阶段，应该选择那些高频的常用词，生词量控制在 100 以下，学生一般可以接受。具体情况取决于教学内容和学生的实际水平，要注意不能给学生带来负担，影响语音阶段的学习。

（二）语音教学与汉字教学的关系

关于语音阶段的汉字教学问题，目前的看法和做法都很不一致。如何处理好语音

教学与汉字教学的关系，也是我们需要考虑的重要方面。目前比较通行的观点认为，语音教学阶段的主要任务是训练学生的语音，考虑到汉字的特殊性和教学对象的承受能力，语音阶段不能过多地学习汉字，学生能集中精力把普通话语音学好就可以了。如果学生感兴趣并在不影响语音教学的情况下，可以适当地学习少数易用易认的汉字，如“人、手、大、小、山、水、口、你、好”等。

（三）语音教学与语法教学的关系

关于语音教学与语法教学的关系，一般认为在语音教学打基础的阶段，没有必要把基本语法阶段的内容搬来教，否则不仅语音教学要受影响，语法教学也难以顺利进行。这主要是因为，语音教学的主要任务是掌握语音，如果安排很多的语法内容必然会增加学生的负担，不利于语音教学目标的实现。而且语音和语法的关联比较弱，不特别强调语法知识一般也不会影响语音教学的效果。当然，也不是一点儿语法知识都不能教，在适当的时候可以涉及一些对语音变化有影响的语法内容。尤其到了中、高级阶段，语音教学中的音变和语调等很多内容都跟语法密切相关，如有规律的轻声词、停顿、重音和句调等，这些内容很难与语法完全割裂开来。因此，在中、高级语音教学阶段，安排适当的语法教学也是可行的，但不宜过多，更不宜细讲，教会学生常用的例词和例句即可。

四、从易入手、由易到难的原则

各种语言的语音系统都不尽相同，但总存在着一些由相同的发音部位和发音方法配合而产生的音。由于具有某种共性特征，这些音教起来相对容易，学生学起来也不太费劲儿。因此，我们应该从这些具有共性的、学生容易学的音入手，由易到难、循序渐进地进行语音教学。

比如，单元音 ɑ、i、u 在多数语言中都存在，母语为非汉语者学习起来也并不困难。相对而言，e 和 o 不容易发到位；ü 则由于舌位和唇形配合的难度而让学生颇感头疼。因此，我们在教单元音时应该先教 ɑ、i、u，再教 e 和 o，最后才教 ü。在教 ü 时，由于很多语言没有圆唇音，而 i 这个音大部分语言中都有，所以可以先从 i 入手，由 i 带出圆唇的 ü 来。

又比如，母语为非汉语的学习者普遍发不好普通话声母 zh、ch、sh。对此，不妨先教学生 z、c、s。发好了 z、c、s，调整好舌尖位置，并将舌面翘起或微卷，就比较容易发出 zh、ch、sh 来了。而 z、c、s 中，又可以先教 s，因为 z、c 是塞擦音，先塞后擦，而 s 是擦音，单纯发擦音比先塞后擦要容易一些。而且 s 在多数语言中都存在，学习者学起来没有多大困难。z 和 c 的发音部位和发音方法相同，区别仅在于送气与否。对发送气音比较困难的学生，先教 z，在读准 z 的基础上加上送气就是 c。不过，也有的学生发送气音比发不送气音容易，如阿拉伯学生，因此可以先教他们c，再教 z。等掌握好了这些音，再顺过来系统地教。

再如声调，我们在谈声调的教学顺序时提到，可以先教阴平调。跟其他声调相比，阴平调对多数学生来说相对容易掌握。有了阴平这个音高参照，把声带放松，就比较容易发高降调的去声了。在对阴平的最高位置和去声的最低位置都有了一定的感知之后，再学由中到高的阳平。最后，在把握好低音的基础上学习降升的上声。在四个声调全部学完之后，再按照顺序来做四声的唱调练习。

由易到难的原则需要教师对教学对象的不同特点和情况很熟悉，通过不同语言的对比来判定语音项目的学习难度，然后才能明确如何由易到难地进行教学。

五、短期集中与长期要求相结合的原则

赵元任先生说："语言是一套习惯，学习外国语就是养成一套特别的习惯。"学习一种语言的发音，也是要养成一套特别的发音习惯。而要形成这种习惯，"只要开始两三个礼拜就应该把所有的困难都给战胜。因为两三个礼拜要是不给它弄清楚啦，以后你再学到文法，再增加词汇的时候啊，你就把这些错的老用了，所以不能不在最初的时候把这个习惯弄好。"可见，赵元任先生强调的是在学习语音的开始阶段就要培养正确的发音。因此，一般的做法是，在基础汉语阶段都会单独安排专门的语音教学，在这段时间内集中精力进行语音训练，打好语音基础。

短期集中教学阶段结束之后，语音教学是不是就万事大吉了呢？答案是否定的。语音技能的掌握不是一朝一夕的事，要完全掌握普通话的语音系统，并使语音、语调都达到准确、自然、流畅的程度，单靠短期集中的两三个星期是不可能做到的。很多学生到了中、高级阶段之后，容易忽视自己的语音训练和发音，也不注意纠正错误的发音，有的甚至退回到初级阶段的语音水平，产生回生现象。如果处理不好，特别容易出现"化石化"现象。因此，在语音教学中应该坚持短期集中和长期要求相结合的原则，语音训练应贯穿于整个基础汉语教学过程的始终。

当然，短期集中的语音训练与长期要求的语音训练有不同的特点。短期集中的语音训练是要让学生尽快地建立和形成发音习惯，掌握普通话的基本发音。到了中、高

级阶段，虽然并不需要像初级阶段那样进行大量集中的语音训练，但必须要有意识地对学生听音、辨音以及发音的共性、个性等问题编排一些有针对性的练习，由此帮助学生改善语音问题，尤其是处理好那些正处于“化石化”阶段的发音现象。在课堂教学时也可以通过领读、正音、纠音等环节给学生示范正确的发音，最终的目的是使学生正确而流畅地用汉语说话。

以上几个原则重在从不同的角度指导语音教学的过程和活动，如针对性原则主要是从教学的主体——学习者的角度来要求的，音素教学与语流教学的结合是从教学策略的角度来切入的，而短期集中和长期要求相结合的原则是从教学过程的阶段性和长期性方面来考虑的。不同的教学原则，其适用范围和程度也有差别。有的教学原则具有通则性质，即不仅适合于语音教学，同时也适合于其他语言项目的教学，如针对性原则、由易到难的原则等；而有的教学原则为语音教学所特有，如音素教学和语流教学的结合等。语言教学是一门技术，更是一门艺术，其中还渗透着语言及语言交际的观念和思想。在教学过程中，只有把握好了大的理念和原则，才能处理好教学活动中各个方面和各个环节的关系，避免走不必要的弯路。我们也只有将各种原则融会贯通、综合运用，落实到具体的教学实践中去，才能切实有效地促进教学的顺利进行。

第二节　语音教学的基本方法

在汉语作为第二语言的语音教学中，为了让学习者能正确而流利地说普通话，需要进行很多训练，有时往往很枯燥，稍不注意就有可能伤害学生学习的积极性。因此，语音教学尤其需要注意运用一定的方法和技巧。只有讲究教学方法，采用正确的方式、途径，才能有效地解决教学中的难题，才能达到理想的教学效果。

一般说来，在语音教学过程中，有下面这样一些常用的方法。

一、模仿法

模仿法是语音教学中最基本的方法。模仿法可以分为直接模仿和自觉模仿。直接模仿就是学习者依靠听觉和视觉的感受，直接模仿发音。换句话说，教师怎么说，学生就怎么说。不过，模仿这个过程比较复杂，因为它涉及学习者听音、辨音能力的强弱。一个音有的学生听一遍，就能准确地模仿；而有的学生能力弱一些，听了好几遍，也模仿得不对。为了让学生学会正确的发音，教师有必要对某些音的发音要领做一些说明或展示。学习者需要听老师对发音要领的讲解，看老师的发音示范，观察老师的口形，然后再进行模仿，这就是自觉模仿。自觉模仿是靠听觉和视觉等各方面的配合，经过听音、观察、比较、分析，进而模仿。比如，有的学生在学普通话的 f[f] 时，常发成英语的 [v]，这时就需要听老师讲解这两个音的相同和不同之处：它们都是唇齿音，上齿靠近下唇，气流通过唇齿之间的缝隙摩擦成声。不过，[f] 是清辅音，发音时声带不振动；而 [v] 是浊辅音，发音时声带振动。学生听完讲解，再观察老师的嘴唇，自己再感受一下喉咙处的声带振动情况，经过这样一个过程，最后发出正确的音来应该并不困难。

模仿法是语音教学中不可缺少的一种方法。只有在正确的指导下进行模仿，持之以恒地练习，并且与其他的方法配合起来，才能取得良好的学习效果。

二、演示法

语音教学是口耳之学，这点与词汇和语法教学是不同的。在语音教学时，教师常常需要通过直观演示来帮助学生感知发音特点。

具体说来，在课堂教学中，可以借助实物来演示。比如，有的学生很难掌握送气音与不送气音，教师这时可以借助纸片，用吹纸片的方法来展示送气与不送气的差别。具体的做法是：当我们在教 p、t、k、q、c、ch 时，可以拿一张薄纸放在嘴前，发音时气流冲出，纸片颤动，为送气音；在发 b、d、g、j、z、zh 时，纸片不动，为不送气音。也可以让学生拿自己的掌心对着嘴巴，体会气流的强弱。通过这样的演示，学生很容易理解，而且印象也很深刻。

演示法还可以借助图表等直观手段。如在教声调时可以展示五度标记法示意图，让学生能够直观感受到每种声调的音高变化。另外，演示法也可以依靠简单、形象的板书来展示一些音节拼写规则，如在教 ju 和 zi 时，可以写成下面的形式，这样可以避免学生把 ju[tɕy] 发成 [tɕu]，把 zi[tsɿ] 发成 [tsi]。

ju └ ≠u　　　zi └ ≠i

又如，在教两个上声连读变调时，可以写成“ˇ+ˇ → ˊ+ˇ”，这样的演示简单方便、一目了然，教师往往不需要多讲就能达到甚至超过讲解的效果，学生也容易记住。

三、手势法

语音教学的对象一般都是汉语初学者，教师要向他们讲清楚某个具体的发音是很困难的。虽然也可以借助发音部位和发音方法来进行描写，可是有很多发音部位和发音方法并不容易直接观察，这时手势的辅助使用就显得特别重要。

比如，有的欧美学生容易把普通话的央元音 [ᴀ] 发成带鼻音的 [ᴀ̃]，这时教师可以用大拇指和食指捏住鼻孔，迫使气流从口腔送出，表明这是一个口腔元音而不是鼻音。又比如，学生不太容易发好 zh、ch、sh，常常将它们发成 z、c、s 或相近的音，这时教师可以伸出手掌，掌心向上，用四指表示舌头，将四指并拢伸直，然后指端抬起并向手心稍稍卷曲，表示卷舌，此时为zh、ch、sh，而发z、c、s不能卷舌。再如，当学生了解了四个声调的调型之后，可以利用手势来训练学生读四声，一般将食指伸得高而平代表第一声，食指做上挑的动作是第二声，食指划曲折的“ˇ”是第三声，食指向下划是第四声。

借助手势可以把一些看不到的发音部位和发音方法形象地展示出来。一个具体、形象化的手势可以使枯燥难懂的语音讲解和练习变得生动起来，学生也可以通过手势的帮助在脑海中留下正确的印记，这对于他们记音和辨音都非常有利。

四、带音法

带音法是用一个已经学过的音带出要学的发音相近的音，这也是语音教学中用得比较多的一种方法。这跟从易入手、由易到难的教学原则是一致的。如在教普通话的 r 时，可以用发音部位相同的 sh 带出 r——拖长发出 sh，舌头不动，声带振动，就可以发出 r 的音来。又如在教 ü 时，可以由 i 带出 ü 来——先发比较容易的 i，舌头保持不动，然后嘴角逐渐收缩，嘴唇由扁变圆，几乎缩成一个小圆圈，这时就不难发出 ü 来了。还有的学生发普通话的去声时降不到位，这时可以用阳平带去声的方法来训练，例如“环境、辽阔、服务、模特”等，这样一升一降，比反复做同样的动作要自然、省力，也容易发准。

五、夸张法

在语音教学中，教学生发音和平时说话有较大的差别。教发音时，声音一定要清楚，有时为了突出某些语音的发音特点，需要进行适当的夸张，使学生在视、听上有充分的感知。而平时说话有时可能含混不清，只要听话的人能理解，就能达到交际的目的。

比如，舌面音 j、q、x 和舌尖后音 zh、ch、sh、r 的发音部位比较接近，发音方法分别对应，学生很容易混淆。教师在教舌面音 j、q、x 时，口形、舌位等可以适当夸张，不妨将舌尖下垂至下齿背后，舌面隆起，与硬腭接触，同时嘴角向左右两边展开，上下齿挨紧，这样就能控制好舌尖并准确地发出舌面音来了。又如发 ü 时，可以适当夸张地噘起嘴唇，强调圆唇并拖长发音。再如发轻声时，前面那个音节可以适当夸张、加重并延长，然后轻轻一带，后面的音发得轻而短促，这就是轻声了。在板书时，也可以进行适当夸张，比如教复韵母时，可以结合发音口形把主要元音写得大一点，如 iao 中的 a。

夸张法将课堂中的视听印象放大、强化，使学生正确认识与把握发音。

六、比较法

世界上没有两个完全相同的事物，人们在认识事物的时候，总是自觉不自觉地采用比较的方法。比较法使人们对事物的认识更加清楚、准确、深刻和全面。在语音教学时应该充分利用这一方法。

比较可以在汉语内部进行，通过比较让学生掌握普通话发音的不同特点。如在进行声母教学时，b 和 p、d 和 t、g 和 k 等都可以进行送气与否的比较；在教单韵母时，i 和 ü 可以进行圆唇与否的口形比较，i 和 u 则可以进行舌位前后的比较；等等。通过比较，学生能加深对这些有同有异的声母或韵母在发音部位和发音方法、舌位和唇形上的认识，从而更好地把握每个音的发音特征。又如在教轻声和儿化时，可以把两组或两组以上的轻声词、儿化词集中起来进行比较和分析，让学生感受同一个词语的轻声与非轻声、儿化与非儿化的读法及意义的区别。例如“实在（原调）— 实在（轻声）”“明天吃什么早点？我早点儿去给你买”等。在教重音、停顿时，也可以用同一个句子来展示因重音、停顿位置不同而造成的意思不同。

在语音教学时，也可以把学生的母语或已掌握的某种外语的语音与普通话的语音进行对比。学生在学习汉语的过程中，常常会受到自己母语或某种外语的干扰和影响。比如，有的学习者习惯把普通话的舌面后音 h[x] 发成喉音 [h]，这时教师可以将普通话中的“hé[xɤ]（和）”和英语的“home[həʊm]（家）”进行比较，告诉学生喉音 [h] 的位置比 [x] 要靠后得多。发 [x] 音时，声音比较响并且能拖长；发 [h] 音时，声音不响也不能延长。学生一旦了解了它们之间的差别，就比较容易发出正确的音来。

比较法的运用，既可以加深学生对汉语语音系统及其特点的认识，又可以较好地消除由学生的母语或某种外语带来的干扰。当然，这是建立在教师熟知不同语言语音系统的基础上的，否则比较无从谈起。

七、情境法

在语音教学中，情境法也是一个常用的方法。它是教师就某个语音点或内容有目的地引入或创设形象生动的具体场景，以此来激发学生口头表达的欲望，在模拟情境中牢固地掌握课本知识，在情境中学，在情境中用。

比如，对于送气和不送气音，教师可以设计具体的情境让学生听和说。例如：

老鼠吃饱跑了。（Lǎoshǔ chībǎo pǎo le.）

兔子肚子饿了。（Tùzi dùzi è le.）

虽然学生在基础语音教学阶段所积累的词汇有限，但教师还是要尽可能地利用一些常用词做出浅显易懂的解释，在这样的情境下设置成对的练习对学生认知送气和不送气及其意义区别很有帮助。

汉语声调的教学也可以在情境中让学生主动认知。一般来说，绝大部分教材都用“妈、麻、马、骂”四个字作为代表字。虽然这些字能够反映汉语的四声，但它们都是孤立的个体，相互之间没有什么联系。对此，教师可以设置一定的情境，让声调教学内容尽可能地有意义。例如设计成下面这样的会话练习：

你好吗？——还可以。

你妈妈好吗？——她很好。

这些字都可以组成常用词，在这些词的组合中，声调的相对值得到了体现，而且由于结合了意义，学生理解和认知起来也变得相对容易了。

又比如，对于上声和轻声变调，可以设置下面这样的情境：

你好吗？——我很好。

你想买什么水果？——（我想买）芒果/李子/草莓。

你要吃什么？——给我两碗炒米粉。

昨天的展览怎么样？——展览馆里有好几百种展品，都很有趣。

这些都是生活中的常见场景，在有意义的情境中，在实际的语流中，学生能更真切地感知到这些字的声调变化。好的情境设置能缓解、消除课堂教学中的枯燥无味，也能减少我们常说的学了不会用的现象。

语音教学的方法多种多样，除了上面介绍的几种以外，还有观察法、体验法等。在语音教学过程中，许多方法是综合运用的。只要我们因材施教、因需施教，在大的理念和原则的指导下，灵活运用各种方法，就一定可以突破语音教学的难点，做到“传道有术，授业有方，解惑有法”，在语音教学中取得理想的效果。

思考与练习八

一、判断。

1. 语音教学一般是零起点或初级阶段的教学任务，中、高级阶段不必考虑。（　　）
2. 在独立的语音教学阶段不能出现汉字、词汇和语法的内容，否则会影响语音的教学。（　　）
3. 语音教学原则是关于语音教学的一些基本要求，可以遵循，也可以不遵循。（　　）
4. 在语音教学时要考虑学生的母语背景和个体差异，有针对性地进行训练。（　　）
5. 语音教学阶段很短，不可能解决所有问题，差不多就行了。（　　）

二、简答。

1. 汉语普通话语音教学应该遵循哪些基本原则？请你具体谈一谈。
2. 普通话语音教学可以分为哪些阶段？每个阶段应该安排哪些内容？
3. 在语音教学的初级阶段，有老师认为一开始就应该进行会话练习，学生上完第一节课就能说“你好”“再见”“谢谢”，这样才实用。而只搞声韵调练习的话，学了好几天还不会说话，实用性不强。对于这样的说法，你怎么看？

三、思考。

1. 日本学生在学习汉语普通话声母f时，由于母语没有这个音，学起来特别困难，在课堂上应该怎么教？
2. 有几个美国学生，总是分不清普通话的“z、c、s”“zh、ch、sh”“j、q、x”，你有没有好的方法帮他们学好这三组音？
3. 大部分留学生都感觉到普通话的ü很难发，你如何教他们发这个音？

4. 有人认为很多中国人说普通话时发音也不标准，所以不必在发音上苛求外国学生，只要能听懂、能交流就行了。作为一名国际汉语教师，你如何评价这种说法？

四、请分析下列语音教学中经常碰到的问题或现象，并谈一谈你的看法。

1. 张老师在教语音时，有很多特别的处理。比如，学生在学b—p、d—t、g—k时，她让学生用薄纸放在嘴边对比气流的强弱；学 zh、ch、sh、r 时，她用手指并拢然后卷起的动作提醒学生要卷舌头，发 r 时还让学生把手放在喉咙上感受声带的振动；学生第四声学不好，她就让学生先发第一声，再发第四声；等等。她分别运用了什么样的教学方法？你认为这样的处理合适吗？
2. 陈老师这学期教零起点的留学生。在教普通话的声母时，她先是花大量的时间详细地介绍这些声母的发音部位和发音方法，然后再让学生跟着她练。学生听不懂，练习的效果也不太好。陈老师很苦恼，不知道问题出在哪儿。你觉得她的教法有问题吗？为什么？
3. 刘老师和王老师都是从事国际汉语教学的老师。在语音教学方面，他们各有各的做法。刘老师一开始先从声母、韵母和声调的单项练习开始，然后逐步过渡到词组、句子和会话练习。王老师一开始教一些常用的词语和句子，然后分解音节，进行声、韵、调练习。这两位老师的教学策略分别体现了什么样的教学原则和思想？每种安排各有什么优缺点？如果是你来教语音，你选择什么样的方式？
4. 赵老师和许老师都是第一次接手零起点班。在最初一周的教学中，她们的教学安排并不一样。赵老师设计了大量关于声母、韵母、声调和音节的练习，学生在这一周学到的都是发音，没有汉字、词语和句子的内容。赵老师认为语音教学就是要教语音的，这样学生才能打好基础。跟赵老师不同的是，许老师在前几节语音课就让学生学习汉字和词语，还给学生详细讲解了一些语法内容。许老师认为这样教学生才能尽快学会说话。你觉得两位老师的教学安排和处理合适吗？为什么？如果是你的话，你会怎么处理？

主要参考文献

北京大学中文系现代汉语教研室编（2012）《现代汉语》（增订本），商务印书馆。

蔡整莹、曹　文（2002）泰国学生汉语语音偏误分析，《世界汉语教学》第2期。

曹剑芬（2002）汉语声调与语调的关系，《中国语文》第3期。

曹　文（2000）《汉语发音与纠音》，北京大学出版社。

曹　文（2002）《汉语语音教程》，北京语言大学出版社。

曹　文（2010）《现代汉语语音答问》，北京大学出版社。

柴俊星（2005）对外汉语语音教学有效途径的选择，《语言文字应用》第3期。

陈　晨、李秋杨（2008）语音偏误标记与语音对比——谈泰国学生语音习得问题，《云南师范大学学报》（对外汉语教学版）第2期。

陈亚川（1983）送气音在对外汉语教学中之地位及其识记问题，《语言教学与研究》第3期。

程美珍、赵金铭（1986）基础汉语语音教学中的若干问题，载《第一届国际汉语教学讨论会论文选》，北京语言学院出版社。

程　棠（1996）对外汉语语音教学中的几个问题，《语言教学与研究》第3期。

程　棠（2008）《对外汉语教学目的、原则、方法》（第二版），北京语言大学出版社。

丁崇明、荣　晶（2012）《现代汉语语音教程》，北京大学出版社。

董少文（1988）《语音常识》，上海教育出版社。

杜秦还（1992）谈谈现代汉语声调教学，《语言教学与研究》第1期。

杜　青（2009）《普通话语音学教程》（修订版），中国广播电视出版社。

傅海燕（2007）《汉语教与学必备：教什么？怎么教？》（上），北京语言大学出版社。

桂明超（2000）美国英语语调对美国学生学习汉语普通话声调的干扰（杨吉春译），《世界汉语教学》第1期。

何　平、王　静（2014）《新汉语普通话教程（语音篇）》，北京语言大学出版社。

胡炳忠（1985）三声三字组的变调规律，《语言教学与研究》第1期。

胡裕树主编（2000）《现代汉语》（重订本），上海教育出版社。

黄伯荣、廖序东主编（2003）《现代汉语》（增订三版），高等教育出版社。
季安锋、蔡爱娟（2013）印尼语与汉语语音对比及印尼学生习得汉语语音难点分析，《海外华文教育》第1期。
蒋以亮（1998）语流教学初探，《语言教学与研究》第4期。
金晓达、刘广徽（2006）《汉语普通话语音图解课本（教师用书）》，北京语言大学出版社。
金有景（2007）《普通话语音》，商务印书馆。
李红印（1995）泰国学生汉语学习的语音偏误，《世界汉语教学》第2期。
李　明（1983）关于轻声语素前的上声变调问题，《语言教学与研究》第2期。
李　明、石佩雯（1998）《汉语普通话语音辨正》，北京语言文化大学出版社。
林　焘（2001）《林焘先生语言学论文集》，商务印书馆。
林　焘、王理嘉（2013）《语音学教程》（增订版），北京大学出版社。
刘川平（1996）普通话上声本质及其教学的再认识，《外语与外语教学》第6期。
刘富华、李　轶、吕文杰（2006）《汉语语音训练教程》，北京语言大学出版社。
刘富华、吕文杰、东孝拓（2014）《对日汉语语音教学法：怎样教日本人汉语语音》，北京语言大学出版社。
刘广徽、金晓达（2011）《汉语普通话语音图解课本（学生用书）》（修订版），北京语言大学出版社。
刘　娟（1997）轻声的本质特征，《语言教学与研究》第1期。
刘雪春（2003）儿化的语言性质，《语言文字应用》第3期。
刘　珣（2002）《汉语作为第二语言教学简论》，北京语言文化大学出版社。
鲁健骥（1984）中介语理论与外国人学习汉语的语音偏误分析，《语言教学与研究》第3期。
吕必松（1990）《对外汉语教学发展概要》，北京语言学院出版社。
罗常培、王　均（2002）《普通语音学纲要》（修订本），商务印书馆。
毛世桢（2008）《对外汉语语音教学》，华东师范大学出版社。
倪　彦、王晓葵（1992）英语国家学生学习汉语语音难点分析，《汉语学习》第2期。
邵敬敏主编（2007）《现代汉语通论》（第二版），上海教育出版社。
沈　阳、郭　锐主编（2014）《现代汉语》，高等教育出版社。
施春宏（2009）《作为第二语言的汉语概说》，北京大学出版社。
施光亨（1980）对阿拉伯学生进行汉语语音教学的几个问题，《语言教学与研究》第

2 期。
石佩雯（1981）语调和语义，《语言教学与研究》第 3 期。
宋春阳（1998）谈对韩国学生的语音教学——难音及对策，《南开学报》第 3 期。
宋海燕（2013）《国际汉语语音与语音教学》，高等教育出版社。
孙德金主编（2006）《对外汉语语音及语音教学研究》，商务印书馆。
孙玉卿主编（2012）《华语语音》，暨南大学出版社。
王安红（2006）汉语声调特征教学探讨，《语言教学与研究》第 3 期。
王建勤主编（1997）《汉语作为第二语言的习得研究》，北京语言文化大学出版社。
王建勤主编（2006）《汉语作为第二语言的学习者习得过程研究》，商务印书馆。
王建勤主编（2006）《汉语作为第二语言的学习者语言系统研究》，商务印书馆。
王　晶（2007）《汉语拼音方案》在对外汉语教学中容易形成的若干误区，《语言教学与研究》第 1 期。
王理嘉（1991）《音系学基础》，语文出版社。
王韫佳（1995）也谈美国人学习汉语声调，《语言教学与研究》第 3 期。
王韫佳（1996）轻声音高琐议，《世界汉语教学》第 3 期。
王韫佳（2003）第二语言语音习得研究的基本方法和思路，《汉语学习》第 4 期。
王韫佳、邓　丹（2009）日本学习者对汉语普通话“相似元音”和“陌生元音”的习得，《世界汉语教学》第 2 期。
魏　励编（2014）《语言文字规范手册》，商务印书馆国际有限公司。
吴宗济主编（1992）《现代汉语语音概要》，华语教学出版社。
徐世荣（1993）《普通话语音教程》，语文出版社。
许光烈（2006）语音对比与对外汉语语音教学，《广州大学学报》第 8 期。
叶　南（2008）对外汉语语音偏误研究，《西南民族大学学报》第 10 期。
于根元主编（1999）《实用语文规范知识小词典》，语文出版社。
余　维（1995）日、汉语音对比分析与汉语语音教学，《语言教学与研究》第 4 期。
曾毓美（2008）《对外汉语语音》，湖南师范大学出版社。
张宝林（2005）语音教学的现状与对策，《云南师范大学学报》第 4 期。
张和生（2006）《汉语可以这样教——语言要素篇》，商务印书馆。
张　娜（2014）《现代汉语语音》，华中科技大学出版社。
张旺熹主编（2013）《对外汉语本体教学概论》，商务印书馆。
张　英（2000）《对外汉语语音教学简论》，华语教学出版社。

赵金铭（1985）简化对外汉语音系教学的可能性和依据,《语言教学与研究》第3期。
赵金铭（1988）从一些声调语言的声调说到汉语声调，载《第二届国际汉语教学讨论会论文选》，北京语言学院出版社。
赵金铭主编（1997）《语音研究与对外汉语教学》，北京语言大学出版社。
赵金铭主编（2004）《对外汉语教学概论》，商务印书馆。
赵贤州（1996）《对外汉语教学通论》，上海外语教育出版社。
周小兵、李海鸥（2004）《对外汉语教学入门》，中山大学出版社。
朱　川主编（1997）《外国学生汉语语音学习对策》，语文出版社。

附 录

附录 1 术语和概念检索

说明：1. 术语和概念后的数字为该术语 / 概念及相关解释或重点讨论的文字所在页码。

2. 术语 / 概念加粗者表示本书对该术语 / 概念做了解释，页码加粗者表示对该术语 / 概念的解释在此页。

3. 有的术语 / 概念有几个名称，以本书使用者为正条。

T

W

附录2 语别、国别和地区检索

说明：1. 为简明起见，此处所列的“语别”不包含汉语及汉语方言，“国别和地区”不包含中国及中国各地。

2. 语别、国别和地区后的数字为涉及该语别 / 国别 / 地区的文字所在页码。

附录 3　思考与练习参考答案

【思考与练习一】

一、1. 物理属性　生理属性　社会属性　社会属性

2. 社会

3. 音高　音强　音长　音色（音质）　音高

4. 音强　音高　音色（音质）

5. 音高　音强

6. 音色（音质）

7. 音高　音强　音长

8. 动力源（肺）　发音体（声带）　共鸣腔（口腔、鼻腔、咽腔）

9. 元音　辅音

10. 声母　韵母　声调

11. 4　2　2

12. 元音　韵母

13. 字母表　声母表　韵母表　声调符号　隔音符号

二、

轮回 lúnhuí	冰球 bīngqiú	骄傲 jiāo’ào	欣赏 xīnshǎng	翻译 fānyì
卧铺 wòpù	晚宴 wǎnyàn	空额 kòng’é	扫帚 sàozhou	选择 xuǎnzé
作案 zuò’àn	营养 yíngyǎng	平安 píng’ān	酝酿 yùnniàng	亲戚 qīnqi
凤凰 fènghuáng	跳跃 tiàoyuè	夜晚 yèwǎn	天堂 tiāntáng	回流 huíliú
救火 jiùhuǒ	屋顶 wūdǐng	润滑 rùnhuá	胃癌 wèi’ái	决斗 juédòu
完美 wánměi	谦虚 qiānxū	门口 ménkǒu	努力 nǔlì	包围 bāowéi

三、

烟瘾（yānyǐn）[iɛn in]	月夜（yuèyè）[yɛ iɛ]
好戏（hǎoxì）[xɑu ɕi]	雨水（yǔshuǐ）[y ʂuei]
沉静（chénjìng）[tʂʰən tɕiŋ]	钢铁（gāngtiě）[kɑŋ tʰiɛ]
耳朵（ěrduo）[ɚ tuo]	蚕丝（cánsī）[tsʰan sɿ]
熊猫（xióngmāo）[ɕyŋ mɑu]	保证（bǎozhèng）[pɑu tʂəŋ]
停留（tíngliú）[tʰiŋ liəu]	商人（shāngrén）[ʂɑŋ ʐən]
面前（miànqián）[miɛn tɕʰiɛn]	圆圈（yuánquān）[yɛn tɕʰyɛn]
发展（fāzhǎn）[fʌ tʂan]	吞并（tūnbìng）[tʰuən piŋ]

四、1. Wénhuàjú lǐngdǎo ānpái yǒuguān yánjiū rényuán qù Xī’ān zuò lìshǐ zhuāntí diàochá.（23 个音节）

2. Zhè duǒ huār kāi de zhēn piàoliang!（8 个音节）

3. Tiān'ānmén guǎngchǎng zhāngdēng-jiécǎi, chùchù xiānhuā shèngkāi.（15个音节）

4. Nà hé pàn de jīn liǔ, shì xīyáng zhōng de xīnniáng; bōguāng li de yànyǐng, zài wǒ de xīntóu dàngyàng.（26个音节）

5. Hǎi zài wǒmen jiǎoxià chényínzhe, shīrén yìbān. Nà shēngyīn fǎngfú shì ménglóng de yuèguāng hé méigui de chénwù nàyàng wēnróu, yòu xiàng shì qíngrén de mìyǔ nàyàng fāngchún.（46个音节）

五、略。

【思考与练习二】

一、1. 22　21　n　ng[ŋ]

2. 发音部位　发音方法

3. 阻碍的方式　声带是否振动　气流的强弱

4. 发音部位　舌根（或舌面后）

5. 发音方法　擦

6. 声带是否振动

7. m　n　l　r

8. 1

9. 是否送气

10. 鼻音　边音

二、1. l[l] 舌尖中、浊、边音

2. p[pʰ] 双唇、送气、清、塞音

3. d[t] 舌尖中、不送气、清、塞音

4. f[f] 唇齿、清、擦音

5. z[ts] 舌尖前、不送气、清、塞擦音

6. ch[tʂʰ] 舌尖后、送气、清、塞擦音

7. h[x] 舌根、清、擦音

8. x[ɕ] 舌面、清、擦音

9. m[m] 双唇、浊、鼻音

10. r[ʐ] 舌尖后、浊、擦音

11. j[tɕ] 舌面、不送气、清、塞擦音

三、过 guò　波 bō　论 lùn　热 rè　桌 zhuō　共 gòng　膜 mó　说 shuō　夸 kuā
纯 chún　风 fēng　成 chéng　字 zì　熊 xióng　组 zǔ　亏 kuī　错 cuò　润 rùn
加 jiā　从 cóng　禾 hé　只 zhī/zhǐ　确 què　好 hǎo/hào　洒 sǎ　破 pò　多 duō
讲 jiǎng　寻 xún　特 tè　设 shè　凝 níng　拉 lā　去 qù　松 sōng　同 tóng

发音部位	例字
双唇音	波、膜、破
唇齿音	风
舌尖前音	字、组、错、从、洒、松
舌尖中音	论、多、特、凝、拉、同
舌尖后音	热、桌、说、纯、成、润、只、设
舌面音	熊、加、确、讲、寻、去
舌根音	过、共、夸、亏、禾、好

四、自 zì　素 sù　柔 róu　江 jiāng　拨 bō　若 ruò　愁 chóu　各 gè　做 zuò
　乱 luàn　动 dòng　红 hóng　木 mù　身 shēn　泥 ní　前 qián　祖 zǔ　黄 huáng
　课 kè　配 pèi　虐 nüè　住 zhù　良 liáng　册 cè　学 xué　入 rù　车 chē
　年 nián　劝 quàn　怀 huái　商 shāng　归 guī　习 xí　套 tào　熟 shú/shóu　陆 lù

发音方法			例字
塞音	清音	不送气	拨、各、动、归
		送气	课、配、套
塞擦音	清音	不送气	自、江、做、祖、住
		送气	愁、前、册、车、劝
擦音	清音		素、红、身、黄、学、怀、商、习、熟
	浊音		柔、若、入
鼻音	浊音		木、泥、虐、年
边音	浊音		乱、良、陆

五、1. D　2. C　3. D　4. D　5. A　6. C

六、1. 诗人　私人　2. 饭　换　3. 公费　工会　4. 失望　希望
　5. 昏暗　纷乱　6. 闪　险　7. 糟了　焦了　8. 那　热　辣

七、略。

八、略。

九、非常（fēicháng）　专业（zhuānyè）　吃饭（chīfàn）　潦倒（liáodǎo）
　气死（qìsǐ）　宁夏（Níngxià）　才干（cáigàn）　大小（dàxiǎo）
　赞助（zànzhù）　午睡（wǔshuì）　交代（jiāodài）　能人（néngrén）
　飘柔（Piāoróu）　俗语（súyǔ）　竹子（zhúzi）　新娘（xīnniáng）
　欢呼（huānhū）　回收（huíshōu）　发泄（fāxiè）　绕道（ràodào）

十、略。

十一、略。

【思考与练习三】

一、1. 单元音韵母　复元音韵母　鼻音韵母

2. 开口呼　齐齿呼　合口呼　撮口呼

3. 韵头　韵腹　韵尾

4. i　u　ü

n

ng

5. ɑi[ai]　ei[ei]　ɑo[ɑu]　ou[əu]

iɑ[iA]　ie[iɛ]　uɑ[uA]　uo[uo]　üe[yɛ]

iɑo[iɑu]　iou[iəu]　uɑi[uai]　uei[uei]

6. ü　u

7. er

8. 韵尾（in 的韵尾是前鼻音 n，ing 的韵尾是后鼻音 ng）

二、1. ɑ[A] 舌面、央、低、不圆唇元音

2. ü[y] 舌面、前、高、圆唇元音

3. -i[ʅ] 舌尖前、高、不圆唇元音

4. -i[ʅ] 舌尖后、高、不圆唇元音

5. er[ɚ] 卷舌、央、中、不圆唇元音

6. u[u] 舌面、后、高、圆唇元音

7. e[ɤ] 舌面、后、半高、不圆唇元音

三、开口呼：刺（i[ʅ]）、走（ou）、漏（ou）、安（ɑn）、乐（e）、该（ɑi）、当（ɑng）、老（ɑo）、生（eng）、长（ɑng）、致（i[ʅ]）、辞（i[ʅ]）

齐齿呼：激（i）、泄（ie）、应（ing）、相（iɑng）

合口呼：路（u）、款（uɑn）、途（u）、翁（ueng）

撮口呼：语（ü）、句（ü）、捐（üɑn）、用（iong[yŋ]）

四、

例字	韵母			例字	韵母		
	韵头	韵腹	韵尾		韵头	韵腹	韵尾
无		u		腿	u	e	i
睡	u	e	i	群		ü	n
表	i	ɑ	o	台		ɑ	i
安		ɑ	n	柳	i	o	u
夏	i	ɑ		样	i	ɑ	ng
光	u	ɑ	ng	全	ü	ɑ	n

五、1. 连续　联系　2. 考试　口试　3. 北方　北风　4. 讲话　简化
5. 名义　名誉　6. 院子　燕子　7. 序曲　戏曲　8. 气味　趣味

六、略。

七、略。

八、略。

九、ta[ᴀ]—tai[a]—tian[ɛ]—tang[ɑ]　ge[ɤ]—mei[e]—jie[ɛ]—men[ə]
bo[o]—gou[ə]—hong[u]　zhi[ʅ]—zi[ɿ]—ji[i]

十、穷苦（qióngkǔ）　生意（shēngyì）　鲜花（xiānhuā）　旅客（lǚkè）
河水（héshuǐ）　躲藏（duǒcáng）　江湖（jiānghú）　飞机（fēijī）
波浪（bōlàng）　效果（xiàoguǒ）　人民（rénmín）　做作（zuòzuo）
对付（duìfu）　谋求（móuqiú）　简写（jiǎnxiě）　火炬（huǒjù）

十一、略。

十二、略。

十三、略。

【思考与练习四】

一、1. 区别意义
2. 绝对音高　相对音高
3. 一个音节高低升降曲直长短的变化形式
把一种语言（或方言）中调值相同的字音归纳在一起所形成的类别
4. 阴平　阳平　上声　去声
55　35　214　51
5. 调型　调值
6. 阳平　去声

二、阴平：腰、风、之、欧、飘
阳平：婆、玩、题、盆、平
上声：远、举、把、努、浅
去声：望、互、雁、诺、恰

三、1. 主力（zhǔlì）— 助理（zhùlǐ）　登记（dēngjì）— 等级（děngjí）
荐举（jiànjǔ）— 艰巨（jiānjù）　练习（liànxí）— 怜惜（liánxī）
2. 才华（cáihuá）— 菜花（càihuā）　摆脱（bǎituō）— 拜托（bàituō）
惊异（jīngyì）— 敬意（jìngyì）　敷衍（fūyǎn）— 赴宴（fùyàn）
3. 装置（zhuāngzhì）— 壮志（zhuàngzhì）　高速（gāosù）— 告诉（gàosu）
禁区（jìnqū）— 进取（jìnqǔ）　长方（chángfāng）— 厂房（chǎngfáng）

4. 春节（Chūnjié）— 纯洁（chúnjié）
徒弟（túdì）— 土地（tǔdì）
裁决（cáijué）— 采掘（cǎijué）
展览（zhǎnlǎn）— 湛蓝（zhànlán）
5. 河水（héshuǐ）— 喝水（hēshuǐ）
管理（guǎnlǐ）— 惯例（guànlì）
机关（jīguān）— 籍贯（jíguàn）
大学（dàxué）— 大雪（dàxuě）
6. 间距（jiānjù）— 检举（jiǎnjǔ）
百年（bǎinián）— 拜年（bàinián）
同志（tóngzhì）— 统治（tǒngzhì）
大理石（dàlǐshí）— 大力士（dàlìshì）
7. 师姐（shījiě）— 时节（shíjié）— 使节（shǐjié）— 世界（shìjiè）
五一（Wǔ-Yī）— 无疑（wúyí）— 无意（wúyì）— 武艺（wǔyì）
8. 整洁（zhěngjié）— 正解（zhèngjiě）— 症结（zhēngjié）— 政界（zhèngjiè）
忧郁（yōuyù）— 鱿鱼（yóuyú）— 有余（yǒuyú）— 犹豫（yóuyù）
9. 珠子（zhūzi）— 竹子（zhúzi）— 主子（zhǔzi）— 柱子（zhùzi）
司机（sījī）— 司级（sījí）— 死机（sǐjī）— 四季（sìjì）
10. 衣物（yīwù）— 遗物（yíwù）— 义乌（Yìwū）— 义务（yìwù）
棉签（miánqiān）— 免签（miǎnqiān）— 面签（miànqiān）— 面前（miànqián）

四、略。

五、略。

六、1. 思前想后 sīqián-xiǎnghòu
一劳永逸 yìláo-yǒngyì
雕虫小技 diāochóng-xiǎojì
优柔寡断 yōuróu-guǎduàn
獐头鼠目 zhāngtóu-shǔmù
山重水复 shānchóng-shuǐfù
飞檐走壁 fēiyán-zǒubì
风调雨顺 fēngtiáo-yǔshùn
千锤百炼 qiānchuí-bǎiliàn
因循守旧 yīnxún-shǒujiù
花团锦簇 huātuán-jǐncù
高朋满座 gāopéng-mǎnzuò
2. 墨守成规 mòshǒu-chéngguī
背井离乡 bèijǐng-líxiāng
覆水难收 fùshuǐ-nánshōu
过眼云烟 guòyǎn-yúnyān
兔死狐悲 tùsǐ-húbēi
异口同声 yìkǒu-tóngshēng
妙语连珠 miàoyǔ-liánzhū
逆水行舟 nìshuǐ-xíngzhōu
顺理成章 shùnlǐ-chéngzhāng
奋笔疾书 fènbǐ-jíshū
刻骨铭心 kègǔ-míngxīn
信马由缰 xìnmǎ-yóujiāng

七、1. 松树　松鼠　2. 回忆　会议　3. 承认　成人　4. 时代　世代
5. 孤立　鼓励　6. 无力　武力　7. 指示　致使　8. 完了　晚了
9. 指导　直到　知道

八、1. 相（xiāng）信　相（xiàng）片
2. 宁（nìng）愿　宁（níng）静
3. 等待（dài）　待（dāi）会儿

4. 担（dān）心　担（dàn）子

5. 答（dā）应　答（dá）复

6. 大兴（xīng）　高兴（xìng）

7 济（Jǐ）南　经济（jì）

8. 难（nán）道　空难（nàn）

9. 倒（dào）垃圾　摔倒（dǎo）

10. 数（shù）　数（shǔ）出来　量（liàng）　量（liáng）出来

九、略。

【思考与练习五】

一、1. 音节　6　5

2. 声母　韵母　声调

3. 韵腹　声调

4. n、l 和零声母　舌面音 j、q、x

5. 零声母

6. 韵腹　you　wei　wen

7. y　w

二、

音节 \ 结构方式	声母	韵母			声调
		韵头	韵身		
			韵腹	韵尾	
ér			er		阳平
cuī	c	u	e	i	阴平
wěn		u	e	n	上声
jūn	j		ü	n	阴平
jiē	j	i	e		阴平
hùn	h	u	e	n	去声
xuǎn	x	ü	a	n	上声
chuáng	ch	u	a	ng	阳平

三、bō（波）　qiǎo（巧）　tuō（拖）　jià（价）

jué（倔）　jīng（精）　fó（佛）　quàn（劝）

kūn（昆）　hé（河）　jiě（姐）　fēi（飞）

说明略。

四、xiāoxi（消息）　zhùhù（住户）　chóngxīn（重新）

jiànxiē（间歇）　qióngkùn（穷困）　duì'ǒu（对偶）

xiàolǜ（效率）　quèdìng（确定）　huǒjù（火炬）

五、洋气 yángqì　淹留 yānliú　留洋 liúyáng
有为 yǒuwéi　援用 yuányòng　玉液 yùyè
泪水 lèishuǐ　求救 qiújiù　议论 yìlùn
旅游 lǚyóu　沮丧 jǔsàng　追问 zhuīwèn
演员 yǎnyuán　规矩 guīju　论文 lùnwén
堤岸 dī'àn　上颚 shàng'è　议案 yì'àn

六、越野 yuèyě　委员 wěiyuán　渔业 yúyè　准运 zhǔnyùn　抱怨 bàoyuàn
老翁 lǎowēng　要务 yàowù　向往 xiàngwǎng　威武 wēiwǔ　弯曲 wānqū

七、挨饿 ái'è　木耳 mù'ěr　超额 chāo'é　菱藕 líng'ǒu
昏暗 hūn'àn　尘埃 chén'āi　棉袄 mián'ǎo　鱼饵 yú'ěr

八、水流 shuǐliú　娇贵 jiāoguì　水准 shuǐzhǔn　附小 fùxiǎo
非法 fēifǎ　规律 guīlǜ　雪球 xuěqiú　群众 qúnzhòng

九、略。

十、1. Wǒ xià ge yuè yào hé tóngshì yìqǐ qù Xī'ān chūchāi.
2. Zhè fú huàr shì shéi huà de?
3. Lǐ Míng xià zhōuyī yào qù Měiguó dàshǐguǎn bànlǐ qù Xiàwēiyí de lǚyóu qiānzhèng.
4. Wēnshì li de jiāoguì huāduǒ jīng bu qǐ fēngyǔ de yánjùn kǎoyàn.
5. Míngtiān zǎoshang wǒmen qù Tiān'ānmén Guǎngchǎng kàn shēngqí.

十一、略。

十二、略。

【思考与练习六】

一、1. 轻声　儿化　连读变调
2. 轻声　音变
3. nǚ'ér　xiǎoháir
4. 35+211+35+214
5. 53　53
6. 51　35　35　211（21）

二、1. ① dìfāng　② dìfang
2. ① shízai　② shízài
3. ① shēngyì　② shēngyi
4. ① bǎishè　② bǎishe
5. ① héjì　② héji
6. ① zìrán　② zìran

7. ① dìdào　　② dìdao
8. ① zhàoyìng　　② zhàoying
9. ① duìtou　　② duìtóu

三、1. ① 眼儿　　② 眼
2. ① 弯儿　　② 弯
3. ① 破烂　　② 破烂儿
4. ① 早点儿　　② 早点
5. ① 卷　　② 卷儿　　③ 卷儿
6. ① 包　　② 包　　③ 包儿

四、子（原调，zǐ）：子弹　子弟　子女　才子　臣子　女子　鱼子　原子　瓜子脸　男子汉　败家子　皇太子　太阳黑子　海外游子　不肖子孙
子（轻声，zi）：杯子　个子　圈子　李子　院子　笛子　钻空子　江湖骗子
读音规律略。

五、闺女 guīnü　芝麻 zhīma　葫芦 húlu　胳膊 gēbo　老爷 lǎoye
在乎 zàihu　窗户 chuānghu　扎实 zhāshi　苍蝇 cāngying　光景 guāngjing
道理 dàoli　嘴巴 zuǐba　风筝 fēngzheng　官司 guānsi　功夫 gōngfu
知识 zhīshi　琢磨 zuómo　溜达 liūda　商量 shāngliang　巴结 bājie
哆嗦 duōsuo　念叨 niàndao　收拾 shōushi　休息 xiūxi　吆喝 yāohe
张罗 zhāngluo　招呼 zhāohu　别扭 bièniu　快活 kuàihuo　亮堂 liàngtang
唠叨 láodao　规矩 guīju　凉快 liángkuai　糊涂 hútu　客气 kèqi
明白 míngbai　阔气 kuòqi　厚道 hòudao　富余 fùyu　大意 dàyi
疙瘩 gēda　伙计 huǒji　家伙 jiāhuo　见识 jiànshi　精神 jīngshen
窟窿 kūlong　喇叭 lǎba　粮食 liángshi　骆驼 luòtuo　马虎 mǎhu
名堂 míngtang　脑袋 nǎodai　暖和 nuǎnhuo　朋友 péngyou　清楚 qīngchu

六、

韵母	儿化时的变化规律	例词	
		写法	读法
无韵尾且韵腹是 a、o、e；韵母或韵尾是 u（即以 a、o、e、u 结束的韵母）	直接加卷舌动作	山坡儿 shānpōr 没错儿 méicuòr 白兔儿 báitùr 羊羔儿 yánggāor 果核儿 guǒhér 大伙儿 dàhuǒr	[pʰo → pʰor] [tsʰuo → tsʰuor] [tʰu → tʰur] [kɑu → kɑur] [xɤ → xɤr] [xuo → xuor]
韵母是 i 或 ü	加央元音 [ə]，再加卷舌动作	小曲儿 xiǎoqǔr 小鸡儿 xiǎojīr	[tɕʰy → tɕʰyər] [tɕi → tɕiər]
韵母是舌尖元音 -i[ɿ、ʅ]	变成央元音 [ə]，再加卷舌动作	葱丝儿 cōngsīr 喜事儿 xǐshìr	[sɿ → sər] [ʂʅ → ʂər]

（续表）

韵尾是 i 或 n	韵尾丢失，有的韵腹向央元音靠拢；in 和 ün 丢掉韵尾后，加上央元音 [ə]。再加卷舌动作	脚印儿 jiǎoyìnr 井盖儿 jǐnggàir 冰棍儿 bīnggùnr 短裙儿 duǎnqúnr 石块儿 shíkuàir 花篮儿 huālánr 雪人儿 xuěrénr	[in → iər] [kai → kar] [kuən → kuər] [$tɕ^h$yn → $tɕ^h$yər] [k^huai → k^huar] [lan → lar] [zən → zər]
韵尾是 ng	韵尾丢失，元音鼻化；有 i 韵腹的丢掉韵尾后，加 [ə̃]。再加卷舌动作	电影儿 diànyǐngr 门缝儿 ménfèngr 好样儿 hǎoyàngr	[iŋ → iə̃r] [fəŋ → fə̃r] [iaŋ → iãr]

七、读本调（214）：做主　挑选

214（首音节）→211：打听　始终　祖国　老爷　管教

214（首音节）→35：理解　领导　米粉　勇敢　保险　野草　阻止

35+35+214：草稿纸　讲演稿　领导者　手写体　管理法　品种少

211+35+214：厂领导　小雨雪　买保险

211+211+51：苦野菜

八、一（yì）直　一（yì）口　一（yì）眼　一（yí）次　一（yí）岁

单一（yī）　说一（yi）说　一（yí）系列　一（yì）本正经

只此一（yì）家　沧海一（yí）粟　反咬一（yì）口　九九归一（yī）

一（yì）左一（yí）右　一（yì）张一（yì）弛　一（yì）模一（yí）样

九、我偏不（bù）　不（bù）说　不（bú）必　不（bù）行　不（bù）好

不（bú）动　绝不（bù）　不（bú）动产　走不（bu）动　好不（bu）好

不（bù）骄不（bú）躁　不（bú）痛不（bù）痒　不（bù）言不（bù）语

十、1. Ní yě tài dàyi le, jūrán bǎ zhè piān wénzhāng de duànluò dàyì dōu lǐjiě cuò le.

2. Gēge hé sǎozi zài jiā li bāo jiǎozi.

3. Wó hěn liáojié nǐ.

4. Qíng nǐ géi wó mǎi háo jiǔ.

5. Zán liǎ yóngyuǎn yǒuhǎo.

6. Géi wǒ liáng wán chǎomífěn.

7. Zhánlánguǎn li yóu hǎo jíbái zhǒng zhánlánpǐn.

8. Tā jiā liánzi shang de tú'àn shì liánzǐ.

9. Wǒ qù bu liǎo le, nǐ kéyǐ qù shì yi shì, kànkan xíng bu xíng.

10. Nǐ yàoshi yǒu kòngr jiù dào wǒ jiā lái wánr, zánmen liǎ yìqǐ liáoliao tiānr.

十一、略。

【思考与练习七】

一、1. 停顿　重音　句调

2. 语法停顿　强调停顿　标点符号

3. 他看见我 / 哭了起来　他　他看见 / 我哭了起来　我

4. 词重音　句重音　中重　重·轻　中·轻重　中·轻中重

5. 热情大方

6. 平调（平直调）　升调（高升调）　降调（降抑调）　曲调（曲折调）

二、1. 知道　2. 王明　3. 跳舞　4. 赵华　5. 会

三、略。

四、1. 你怎么去北京？（询问“去北京”的方式，如：是坐火车去还是坐飞机去？）

你怎么去北京？（询问选择这个目的地的原因，如：为什么不去上海或广州？）

2. 咬死了猎人的狗（狗被咬死了）　咬死了猎人的狗（狗咬死了猎人）

3. 新学生宿舍（学生宿舍是新的）　新学生宿舍（宿舍是给新学生住的）

4. 我和她的朋友（朋友是她的，不是我的）

我和她的朋友（朋友是我和她两个人共有的）

五、1. 这土豆 / 不大好吃。　这土豆不大 / 好吃。

2. 他知道这件事情 / 不要紧。　他知道 / 这件事情不要紧。

3. 我讲 / 不过他也得讲。　我讲不过他 / 也得讲。

4. 这样 / 做不成。　这样做 / 不成。

5. 我赞成 / 他也赞成 / 你怎么样?　我赞成他 / 也赞成你 / 怎么样?

6. 救过他的 / 姐姐的学生　救过他的姐姐的 / 学生

7. 货到 / 全付款。　货到全 / 付款。

8. 二加三 / 乘以六 / 是多少?　二加 / 三乘以六 / 是多少?

六、1. 他吃什么，你吃什么↘（叙述）

他吃什么↗，你吃什么↗（疑问）

2. 这篇文章是你写的吗↗（疑问）

这篇文章是你↗写的吗↘（讽刺）

3. 谁不知道这件事情↗（疑问）

谁不知道这件事情↘（不屑）

4. 你怎么不去呢↗（疑问）

你怎么不去呢↘（反问）

5. 有什么好吃的↗（疑问）

有什么好吃的↘（否定）

6. 他为什么要走↗（疑问）

他为什么要走↘（否定）

七、略。

【思考与练习八】

一、1.×　2.×　3.×　4. √　5.×

二、略。

三、略。

四、略。